PUBLISHING
INDUSTRY

出版业：
实践与思考

李远涛

著

上海三联书店

前　言

时光荏苒，岁月如梭。1995 年我进入上海人民出版社开始从事图书编辑出版工作，迄今已 30 年。30 年间，前面的十多年，做过历史文化、社会科学、艺术、少儿等方面的图书编辑，担任过出版社的领导，在上海世纪出版集团总部负责图书、报刊、外事管理职能的部门工作过；后面的近 20 年，则作为集团的高管，分管过集团的人力资源、资产管理、房产经营、投融资和财务管理、信息化建设、图书发行与物流、纸张物资采购、印刷业务管理，以及重大工程项目"世纪出版园"的建设等工作，参加或具体负责推进了集团多项重大出版改革任务。

30 年间，所历所思，至为繁杂，虽生性疏懒，但形诸笔墨且存留匣中者仍有不少。在从事书刊选题策划与稿件编辑时写过数百份报告和审读意见，在参与集团五年出版规划和多个重大出版项目过程中起草了一批重要文件，在具体负责组织实施集团主要业务领域的改革发展、资产经营、业务重组、信息化建设、项目规划等工作时拟定了大量的工作建议和方案。因岁月迁移，多次搬迁，文书资料多有散佚，不过匣中存留的策划报告、审稿意见、调研报告、演讲文稿、访谈记录、工作建议与方案等仍有数十万言。而在工作之余，针对出版业改革发展中的一些问题，结合实际工作和自己的感受，陆续写作并发表了近 20 篇有关出版业改革发展的论文。所论所议，虽属管窥蠡测之见，但都是亲身经历，针对胸中疑问和具体事项而发，有感而论，学理阐释或有深浅，但自认为与书斋中坐而论道者所言相较还是大不相同的。30 年来，中国出版业整体上处在集团化建设、企业化管理、市场化运营、专业化发展、数字化转型的浪潮中，随着时代的发展、技术的变革，这些工作目前仍在持续推进中。在滚滚向前的时代大潮下，我的这些点滴思考，基本上都处在这些领域，涵盖了相关主题，也可以说是这个伟大时代的一点印记。

为此，我聚焦两个专题，择取 30 年间写作的部分相关文章，分上下两篇，以《出版业：实践与思考》为题，结集出版。本书收录的文章，每篇均已注明写作时间和刊发情况。以下略赘数语，简述缘由，以明所以。

本书上篇收录 11 篇，写作时间最早的为 2002 年，最晚的为 2024 年，时间跨度超过 20 年，主要是对中国图书出版业的观察与思考，其中 9 篇已经正式发表。《形势与任务：面向 2035 的中国出版业》《守正创新：推进中国出版业转型发展》原为《中国出版业：面向 2035 的思考》（刊《编辑学刊》2024 年第 6 期和 2025 年第 1 期）的第二、第三部分，其中部分内容来自 2023 年我牵头的"（上海世纪出版）集团出版主业经营效率问题及提升对策"大调研，根据本人起草的调研报告，经过删减压缩和补充调整而成。集团的曹怀宇、孙肖平、吴继明、袁晨、陈淳睿、牛保罗、黄书舒参加了大调研，并对调研报告提出了修改意见和建议。《中国图书出版产业的行业成长性分析》《中国图书出版产业的行业竞争结构分析》《中国图书出版产业的竞争趋势分析》写于 2010 年，这是我的 EMBA 硕士论文《中国图书出版产业的竞争结构与竞争趋势研究》的第二、第三、第四章。在此，我要向论文指导老师复旦大学管理学院的芮明杰教授表达衷心的感谢，他的督促和指导对于论文的完成起到了巨大的作用。《关于重大出版项目的组织——以〈十万个为什么〉第六版为例》汇集了我在第六版《十万个为什么》项目启动大会和新书出版座谈会上的汇报材料，文前对第六版《十万个为什么》的有关情况做了简要说明，收入本书是为了给前一篇《论出版规划与重大出版项目的价值》提供佐证。

本书下篇"出版供应链管理与改革"是一个小的专题，涉及的领域比较狭窄，但是一个很有意义的话题，值得深入探究。其中5篇是上海世纪出版集团于2016—2017年实施发行回归综合改革时，我作为集团分管发行业务的领导，在拆分统一集中的集团发行中心的过程中，就改革思路、实施路径、关键环节等发表的意见和建议，这些意见和建议均已落实到实际工作中。在此，我要向时任集团党委书记、总裁高韵斐先生表示衷心的感谢，他的充分信任和鼎力支持是我牵头推进这一改革的坚强后盾。集团的发行回归综合改革涉及方方面面，当时推进的工作包括人员的回归、账务的回归、物流的配套改革、信息系统的改造和业务流程的再造、各类资产的清理等，在此期间，我牵头制定了相关改革方案，拟定了一批工作方案。这里收录我写作的有关发行回归综合改革、账务回归方面的一些文稿，试图为集团集中统一的发行中心在信息化建设、内部管理方面的情况留下一些资料，同时对发行业务重构工作的难点和关键环节作了充分的披露，为这一任务艰巨的改革留下一些痕迹，而发行的集中运作和分拆回归过程中积累的诸多宝贵经验，对于当下正在开展的图书营销渠道变革还是有一定借鉴价值的。下篇附录，收入 2017 年 8 月正式印发的上海世纪出版集团《发行回归综合改革具体工作方案》的附件 8《发行回归工作时间节点》，发行中心留守团队负责人刘瑞刚、程犁执笔的 2017 年第四季度、2018 年和 2019 年工作小结，大体呈现集团发行回归改革的实施步骤和相关进展。在此，我可以自豪地说，发行回归改革顺利推进，各项任务圆满完成。

在本书汇编过程中，我对所收文章做了一些必要的文字修正和删减，而对早期文章的数据和观点则未作修改，以维持原貌。因为出版业的数据随时在更新，如若对本书部分篇章做数据更新，则需对相关文稿大加调整，有些部分形同重写，大失原貌，且这种数据更新没有止境。好在本书所收 2024、2025 年发表的两篇，对早期文章的数据是一个有力的补充，使得本书的数据基本保持连贯，仍具比较新鲜的气息。关于文章的观点，有一些可以说是行业共同的意见，但大部分是我的一己之见。时隔多年，回头再看，这些意见还基本适当，是否间有卓见倒是不敢言，但大谬之处似无，且文章关注的很多问题目前仍然存在，这也给我结集出版本书增添了不小的勇气。

本书虽是戋戋小册，难登大雅之堂，但我还是必须向长期以来关心帮助我的各位师友和有关部门表达感谢，他们的盛情厚谊，我将永远铭记在心。这里就不一一具名称谢了。不过，我要向陈昕先生表达由衷的谢意，他启导了我对出版产业的思考和写作，他的著述为我们开启了探究出版业问题的路径和方向。我要向《编辑学刊》的姚丹红女士表达感谢，本书的多篇文章经她之手刊发，其间，她还给了我各种无私的帮助。在本书汇编完成后，我的夫人、同样从事编辑出版工作的忻雁翔女士，费时费力，做了一遍细致的编辑工作，提出很有价值的修改建议，并帮助我改正了不少错误。感谢上海三联书店总编辑黄韬先生接纳出版本书，感谢责任编辑殷亚平所付出的辛劳。最后，特别感谢中宣部文化名家暨"四个一批"人才项目的支持和经费资助。

李远涛

2025 年 1 月 30 日

目　录

上篇　中国出版业：观察与思考

下篇　　出版供应链管理与改革

上 篇

中国出版业：观察与思考

形势与任务：
面向 2035 的中国出版业*

　　改革开放以来，中国出版业不断发展壮大，出版了一大批人民群众喜闻乐见的文化精品，出版产业的综合实力持续增强，传播力、影响力不断扩大，中国出版在全球出版业中的地位大幅提升，正向全球出版强国的建设目标迈进。同时，我们要看到，中国出版业的发展面临着众多问题和挑战，纸质出版处于传统赛道，发展动能不足，成长空间有限，转型升级缓慢，行业生态失序。面对这些问题，我们需要认真加以分析，主管部门和行业从业者须共同采取行动，

*　本文写于 2024 年 8 月，是《中国出版业：面向 2035 的思考》（刊《编辑学刊》2024 年第 6 期和 2025 年第 1 期）的第二部分。因篇幅太长，刊发时作了删减。收入本书时，根据 2025 年国家统计局更新的中国历年 GDP 统计数据（国家统计局网站，2025 年 1 月 22 日）、北京开卷信息技术有限公司提供并授权使用的全国图书零售市场数据等，作了数据更新和补充修改。感谢北京开卷信息技术有限公司副董事长、总裁蒋艳萍和王鹤给予的帮助。

解决问题，推动变革，化解风险，从而为出版业持续稳定地成长及数字化转型营造良好的发展环境。

这里从产业发展和经营管理角度，谈七个方面的问题。

一、全面落实 2035 发展目标，使命光荣，任务艰巨

党的二十大报告明确提出我国从 2020 年到 2035 年基本实现社会主义现代化，"到二〇三五年，我国发展的总体目标是：经济实力、科技实力、综合国力大幅跃升，人均国内生产总值迈上新的大台阶，达到中等发达国家水平"。

对中等发达国家的人均 GDP 标准值是多少，为达到 2035 这一发展目标，中国 GDP 年均增长速度应该是多少，专家们给出的意见并不一致。根据江小涓的意见和估算，以 2021 年中国人均 GDP 1.26 万美元（进入高收入国家的门槛线是 1.27 万美元）为基点，中国要在 2035 年达到中等发达国家水平（人均 GDP 大概在 3.2 万～5.2 万美元），按照 3.2 万美元的下限计算，GDP 年均增长率需要达到 5.6%（图 1）。[1]

---

[1] 《江小涓最新演讲！当前增长动力为何不足？新的有利条件提供新机遇》（2023 年 7 月 11 日），新京报，https://www.bjnews.com.cn/detail/1689065186129951. html。另外，这里讲的是不变价 GDP 而不是名义 GDP。中国 GDP 的核算，其不变价数据按不同基期分段计算，目前的基期是 2020 年，即 2021 年以来不变价 GDP 按照 2020 年价格计算（数据来源：国家统计局网站）。

（万亿美元）

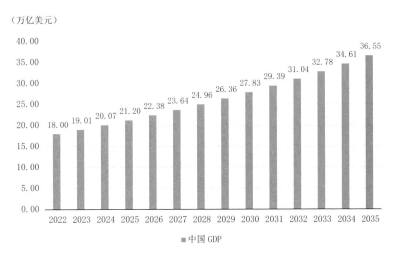

图 1　2035 中国 GDP 增长目标

注：按年均增长率 5.6% 模拟测算。

资料来源：笔者根据江小涓在 2023 新京报贝壳财经夏季峰会"数字经济创造无限机遇"上的演讲估算绘制。

　　最近几年，中国经济发展面临一些新情况，既要应对外部环境不确定性的挑战，也受到新冠疫情的巨大冲击，以及内部困难增多、新旧动能转换的影响，这给全面实现 2035 发展目标带来了一定的压力。受 2020 年新冠疫情的影响，欧美主要经济体陷入严重的衰退，欧美各国政府采取了前所未有的扩张性财政和货币政策，而随着经济的复苏，欧美主要经济体迎来一轮高通胀和连续加息。以美国为例，自 2022 年 3 月起，为稳定美国的经济增长、缓解国内通胀，美联储连续 16 个月 11 次加息，累计加息幅度达 525

个基点。在此后的一年里，美联储将联邦基金利率目标区间维持在 5.25%～5.5% 之间，为 23 年来最高水平。美联储的连续加息引发美元升值，其他非美货币相对贬值。在过去的几年中，美国经历了显著的高通胀现象（以 CPI 上涨率衡量，2021 年为 4.70%，2022 年达到 8.00%，2023 年回落至 4.12%。数据来源：世界银行），而高通胀、强势美元叠加 GDP 核算方式的调整也让美国的经济增长速度显得更快①。2025 年 1 月 30 日，美国经济分析局（BEA）公布了美国经济的最新数据，2024 年美国名义 GDP 初值为 29.2 万亿美元，增速为 5.3%，自 2021 年以来名义 GDP 总量增长超过 20%。而当前中国经济正处于深度结构调整和产业升级的关键时期。在新冠疫情冲击之后，我们不仅面临着国际局势动荡、地缘政治冲突持续以及"脱钩断链"打压等外部挑战，同时也遭遇了国内需求疲软、部分行业和企业运营困难以及风险因素的增加等问题。与美国的高通胀形成对比，中国经济处于相对的通缩状态（以 CPI 上涨率衡量，2021 年

---

① 美国的 GDP，按现价美元计算，2021 年增长 10.91% 至 23.68 万亿美元，2022 年增长 9.84% 至 26.01 万亿美元，2023 年增长 6.57% 至 27.72 万亿美元；按 2015 年不变价美元计算，2021 年增长 6.06% 至 20.92 万亿美元，2022 年增长 2.51% 至 21.44 万亿美元，2023 年增长 2.89% 至 22.06 万亿美元（增长率与 GDP 数据均为四舍五入后的数据。数据来源：世界银行，2025 年 1 月 28 日）。

为 0.98%，2022 年 为 1.97%，2023 年 进 一 步 降 至 0.23%。数据来源：世界银行）。虽然中国的 GDP 增速依然引人注目，GDP 总量持续增长[①]，但随着美元兑人民币汇率的持续走强——具体来看，2021 年汇率为 6.44897518，2022 年升至 6.737158112，而 2023 年进一步升至 7.083998423（数据来源：世界银行）——以现价美元折算的中国名义 GDP 增速有所减缓，中国与美国的名义 GDP 总量差距有所扩大。根据国家统计局公布的数据，初步核算的 2024 年中国名义 GDP 为 134.91 万亿元，按不变价计算，比上年增长 5.0%。2024 年中国的名义 GDP 按现价美元（年平均汇率：7.1217）折算，大约为 18.94 万亿美元；按 2015 年不变价美元折算，也不到 19 万亿美元。这与实现 2035 年中国 GDP 增长目标所测算的 2024 年度数据（20.07 万亿美元）有一定的差距。

当然，中国经济在全球的地位正持续攀升，中国式现代化的进程势不可挡。放眼全球，无论是按照名义 GDP 的增速和总量来衡量，还是按照 2015 年不变价美元计算的 GDP

---

① 中国的 GDP，根据国家统计局公布的数据，按现价计算，2021 年增长 13.43% 至 117.38 万亿元，2022 年增长 5.13% 至 123.40 万亿元，2023 年增长 4.88% 至 129.43 万亿元，2024 年增长 4.23% 至 134.91 万亿元。按不变价计算，2021 年增长 8.6% 至 112.36 万亿元，2022 年增长 3.1% 至 115.88 万亿元，2023 年增长 5.4% 至 122.15 万亿元，2024 年增长 5.0% 至 128.23 万亿元（增长率和 GDP 数据均为四舍五入后的数据。数据来源：国家统计局网站，2025 年 1 月 22 日）。

增速和总量来比较，中国经济的成长速度都是比较快的，经济规模是持续发展壮大的。近几年，中国对世界经济增长的贡献率平均在 30% 左右，是全球经济发展的最大增长源。根据国际货币基金组织 2024 年 10 月发布的《世界经济展望》报告，按美元计算全球各经济体在世界 GDP 中比重，2024 年美国居世界第一，预计占 26.5%，中国位居第二，预计占 16.6%。但是按修订后的购买力平价（PPP）计算，在近十年的世界 GDP 总量中，中国一直位居第一，2017 年占 16.6%，2021 年占 18.5%，2024 年将占 19.1%，比重不断提高；美国位居第二，2017 年占 15.9%，2021 年占 15.2%，2024 年将占 15.0%；印度位居第三，2017 年占 6.8%，2021 年占 7.3%，2024 年将占 8.2%。[①] 可以肯定，中国经济长期向好的这一大趋势和逻辑，不会因为短期的经济波动或环境的复杂多变而发生根本性的改变。社会主义市场经济的体制优势、超大规模市场的需求优势、产业体系配套完整的供给优势，以及大量高素质劳动者和企业家的人才优势，共同赋予了中国经济发展强劲的内生动力。因此，我们坚信，党的二十大报告中提出的 2035 发展目标一定能够如期实现。

_____

[①] 国际货币基金组织：《世界经济展望：政策转向，威胁上升》（中文版），2024 年 10 月，第 112 页。

就经济规模而论，中国出版产业就是在党的二十大报告提出的 2035 发展目标下运行的，同时 2035 发展目标也是出版产业在规模增长上的重要对标对象。就经济增长速度而言，中国出版产业需要按照党的二十大报告提出的要求，积极进取，奋力开拓，保持合理的增速，提高发展质量，不断做强做优做大。从最近几年中国出版业发展的状况来看，整体图书市场的规模成长有限，出版业处于深度调整和变革中。中国出版产业未来要保持向上成长、为实现中国 2035 发展目标作出应有的贡献，还有待中国出版人加倍努力。

二、人口结构变化带来深远影响

中国出版业以人口为基础的行业发展条件，正在发生巨大的转折性变化。进入新世纪，全国出生人口在保持基本稳定的情况下，在 2016 年达到了最高点，当年出生人口为 1786 万人。此后，出生人口逐年下降，并快速下滑。2022 年全国出生人口跌破 1000 万人，为 956 万人，当年全国人口自然增长率为 –0.6‰，全国人口总量提前达峰。2023 年全国出生人口继续下跌至 902 万人，人口自然增长率

为 –1.48‰。2024 年受近几年生育意愿累积、各地生育支持政策逐渐落实及龙年生肖偏好等因素影响，全国出生人口为954 万人，自 2017 年以来首次回升，但这一回升势头很难维持，出生率的下降和人口总量的减少将继续成为一个难以逆转的长期趋势（图 2）。

（万人）

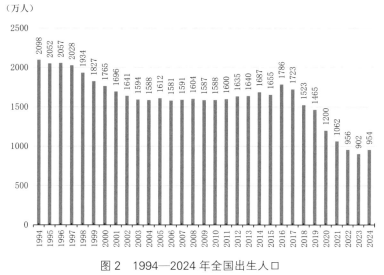

图 2　1994—2024 年全国出生人口

资料来源：国家统计局网站。

随着全国人口总量达峰，全国新入学的小学学生数量在 2023 年达峰后，转头向下，将逐年下降，进而导致全国九年制义务教育阶段在校的学生数量进入持续下降通道，且年度同比下降的速度不断加快，普通小学学生人数下降的速度快于全体中小学学生的下降速度。初步估计，偏乐观的估算下，到 2031 年，普通小学在校的学生人数将比 2023 年（10836.03 万人）净减少 3900 万人，下降幅度超过 35%；九年制义务教育阶段在校的学生人数将比 2023 年（16079.72 万人）净减少 3700 万人，下降幅度超过 23%（图 3）。而偏悲观的估算下，到 2031 年，九年制义务教育阶段在校的学生人数将比 2023 年净减少 4300 万人。与此同时，超过 60

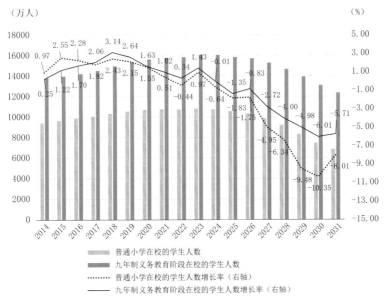

图 3　2014—2031 年全国普通小学与九年制义务教育阶段
在校的学生人数及增长率

注：2023 年及之前的为国家统计局数据，2024—2031 年的为偏乐观的估计数。
资料来源：国家统计局网站。

岁的人口在全国总人口中所占比例不断提高。2024 年末，60
岁及以上老年人口为 31031 万人，首次突破 3 亿人，占总人
口的 22.0%，其中 65 岁及以上老年人口为 22023 万人，占
总人口的 15.6%。人口结构的变化及人口的老龄化将对中国
社会经济的发展产生重大而深远的影响。

中国出版业需要积极应对人口结构的这种变化。众所周
知，中小学课本与教辅读物的出版和销售，在中国图书出版
业中占比最大。仅就中小学课本而论，2023 年全国中小学课
本的定价总金额（造货总码洋）为 320.3366 亿元，总印数为
43.6027 亿册，占全部图书总印数 124.97 亿册的 34.89%。（数
据来源：国家统计局网站）再加上教辅读物，全国中小学课
本和教辅读物在全部图书总印数中的占比将超过 60%。这
一门类的出版物尤其是中小学课本的需求和折扣稳定、资金
有充分保障，向来是中国出版业编辑出版、印刷、销售产业
链上各类主体最重要的收入和利润来源。而全国的中小学课
本和教辅读物的使用量，将随着小学起始年级学生人数的下
降，从低年级向高年级推进，逐年缩量，进而使全国的中小
学课本和教辅读物出版总量下跌，市场规模逐步萎缩。假设
未来一段时间内，中小学课本的价格和品种保持基本稳定，
那么到 2031 年，根据对那时学生数量的预测，预计全国中

小学课本的定价总金额和总印数将较 2023 年下降超过 23%，教辅读物的总量也将大幅下降，这将对出版业的生存和发展产生重大影响。

随着少子化和老龄化的趋势不断加剧，全国图书零售市场预计将经历结构性变革，其增长动力可能会受到削弱。从新世纪以来中国出版业的发展数据来看，九年制义务教育阶段在校的学生人数增长率，与北京开卷信息技术有限公司（以下简称"开卷公司"）监控的全国图书零售市场的销售码洋增长率之间存在一定的相关性。

具体来看：2000—2013 年九年制义务教育阶段在校的学生人数增长率为负数，其中前三年图书零售市场的销售码洋增长率超过中国名义 GDP 增长率，这一数据受当期图书零售市场统计因素及大学扩招带来的在校大学生人数增长的影响（同期大中小学在校的学生人数增长率是正数），需要统筹分析。从 2003 年至 2013 年的 11 年间，全国图书零售市场的销售码洋增长率均低于当期中国名义 GDP 增长率。而在 2014—2019 年间，九年制义务教育阶段在校的学生人数增长率为正数（大中小学在校的学生人数增长率也是正数），全国图书零售市场的销售码洋增长率均高于当期中国名义 GDP 增长率。2020—2023 年九年制义务教育阶段在校的学生人数增长率为正数，这四年间受新冠疫情的影响和冲击，全国图书零售市场的销售码洋增长率低于当期中国名义 GDP 增长率。2024 年在校的九年制义务教育阶段的学生人数增长率为负数，再次进入下降通道，全国图书零售市场销售码洋增长率继续低于当期中国名义 GDP 增长率。2020 年至今全国图书零售市场码洋增长率与中国名义 GDP 增长率波形大体一致，反映出中国出版业与中国经济的整体走势基本同步，不过，作为文化服务业，出版业在整体经济结构调整中受到的影响也更大（图 4）。

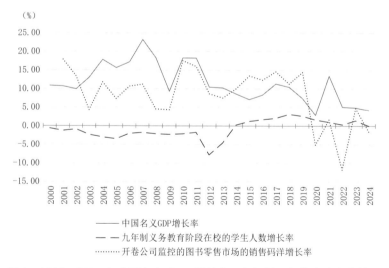

图 4　2000—2024 年中国名义 GDP 增长率、九年制义务教育阶段在校的学生人数增长率、开卷公司监控的图书零售市场的销售码洋增长率
资料来源：国家统计局网站，北京开卷信息技术有限公司。

学生人数和图书销售码洋的增长率之间存在耦合关系，这一动态逻辑受到全国图书零售市场结构的制约。根据开卷公司对全国图书零售市场的监控数据，自 2000 年以来：教辅图书在零售市场中的码洋占比长期稳定在 15%～25% 之间，至 2024 年这一比例上升至 25.3%，位居第二；少儿图书的码洋占比则从 9% 逐年增长至近 30%，成为推动整体图书市场增长的主要动力之一，尽管近年来遭遇了一些挑战，但在 2024 年仍保持在 28.16%，位居第一；2024 年教辅和少儿图书的码洋占比合计超过了全国图书零售市场的 50%。[①]而教辅和少儿图书的主要消费者就是义务教育阶段的学生，因此，学生数量的波动将直接影响这两类图书的销售。

如果不考虑国民阅读率的提升等正向因素的拉动，以及未来通货膨胀率有可能会出现高于过去 20 年的异常情况，仅考量九年制义务教育阶段在校的学生人数增长率这个单一影响因素，随着 2023 年全国九年制义务教育阶段在校的学生人数达峰，2024 年开始中小学学生人数增长率转为负数，未来全国图书零售市场的销售码洋增长率将极有可能低

① 参阅北京开卷信息技术有限公司：《中国教辅图书市场的 20 年》，澎湃号·湃客_澎湃新闻 https://www.thepaper.cn/newsDetail_forward_7659260；《中国少儿图书市场的 20 年》，澎湃号·湃客_澎湃新闻 https://www.thepaper.cn/newsDetail_forward_7583306；《开卷 2024 年图书零售市场年度报告》。

于中国名义 GDP 增长率，预计图书市场结构将经历剧烈变革，出版行业的发展前景将面临影响。对此，我们应该提前谋划布局，加快推进出版业业务结构的改革调整与产业的转型升级。

三、城镇化进入下半场将释放巨大内需潜力

城镇化是现代化的必由之路。中国式现代化是人口规模巨大的现代化，是全体人民共同富裕的现代化，而城镇化是解决农业、农村、农民问题的重要途径，是推动区域协调发展的有力支撑，是扩大内需和促进产业升级的重要抓手。

近十年来，我国的城镇化率快速提升，城镇化质量显著提高。2014 年 3 月，《国家新型城镇化规划（2014—2020年）》印发，其时，我国常住人口城镇化率为 53.7%，户籍人口城镇化率约为 36%。十年之后的 2023 年，我国常住人口城镇化率和户籍人口城镇化率分别提升至 66.16% 和48.3%。十年间，1.5 亿农业转移人口平稳有序进城落户。

2024 年 7 月 31 日，国务院依据《国家新型城镇化规划（2021—2035 年）》，正式发布《深入实施以人为本的新型城镇化战略五年行动计划》。该行动计划提出实施四项重

大行动，即新一轮农业转移人口市民化行动、潜力地区城镇化水平提升行动、现代化都市圈培育行动、城市更新和安全韧性提升行动，共 19 项重点任务及有关政策措施，并提出经过五年的努力，将我国常住人口城镇化率提升至接近70%。①2025 年 1 月 22 日，中共中央、国务院发布《乡村全面振兴规划（2024—2027 年）》，在推进城乡融合发展方面，提出：要实施新一轮农业转移人口市民化行动，推行由常住地登记户口提供基本公共服务制度，完善"人地钱挂钩"政策，推动城镇基本公共服务覆盖全部常住人口；要率先在县域内破除城乡二元结构，一体推进城镇和乡村规划、建设和治理，推动城乡基本公共服务均等化。②新型城镇化战略五年行动计划的实施和城乡融合发展的持续推进，必将加速提升我国城镇化的质量和水平。

城镇化率的提升和城乡融合发展将释放巨大的生产和消费潜能，对中国经济的长期稳定发展是一个有力支撑。常住人口城镇化率达到 70%，这预示着未来五年，城镇人口将新增 5500 万人，到 2028 年底，我国城镇常住总人口将接近或

---

① 《国务院关于印发〈深入实施以人为本的新型城镇化战略五年行动计划〉的通知》，见中国政府网。
② 《中共中央 国务院印发〈乡村全面振兴规划（2024—2027 年）〉》，见中国政府网。

突破 10 亿人大关。农业转移人口在城市实现稳定就业居住后，其工资水平和收入增长预期将会提高，城镇基本公共服务覆盖全部常住人口，农业转移人口将能享受更好的公共服务，其消费意愿和消费能力将会提升，消费结构和生活品质也将升级。"据测算，我国城镇化率提高 1 个百分点，每年可以新增 2000 多亿元的消费需求"，每年"可以拉动万亿元规模的新增投资需求"。[①] 而随着我国城镇化进入下半场，作为文化需求和消费服务的重要组成部分，中国出版业将获得一定的增量空间，迎来新的发展机遇。

四、出版的内容生产模式正在被重塑

信息科技的发展和数字经济的成长，使得数据成为驱动产业发展的关键生产要素和战略性资源，这对核心功能为内容生产和内容传播的出版业，既形成前所未有的挑战，也提供了巨大的发展机遇。

2022 年第四季度，ChatGPT 的大火出圈让 AIGC 这个专业名词进入大众视野。AIGC（人工智能生成内容），顾名

[①] 刘志强：《稳步提高城镇化质量和水平（权威发布）》，《人民日报》2024 年 8 月 3 日。

思义，与 PGC（专业生产内容）、UGC（用户生产内容）一样是关于内容的生产方式。AIGC 下，创作者由实体的人变成了机器和人工智能。在 2022 年百度世界大会上，百度创始人李彦宏提出 AIGC 将走过助手、协作和原创三个阶段：助手阶段，是 AIGC 辅助人类进行内容生产，关键在于编辑优化功能；协作阶段，是 AIGC 以虚实并存的虚拟人形态出现，形成人机共存的局面，其主要价值体现在降本增效和提供创意；原创阶段，是 AIGC 独立完成内容创作，产生附加价值。以前的 AI 是辅助内容创作的工具，现在的 AI 已经成为内容创作的主体，AIGC 正在走过前两个阶段，并向第三个阶段迈进。李彦宏极其乐观地断言："未来十年，AIGC 将颠覆现有内容生产模式。可以实现以十分之一的成本，以百倍千倍的生产速度，去生成 AI 原创内容。"[1]

目前，在人工智能领域，OpenAI、Meta、谷歌（Gemini）、阿里云（通义）、字节跳动（豆包）、科大讯飞（讯飞星火）、月之暗面（Kimi）、深度求索（DeepSeek）等一大批公司，通过持续开发和迭代，不断推出各类生成式 AI 应用，如聊

---

[1] 李彦宏：《未来十年，AIGC 将颠覆内容生产行业》，环球网，https://tech.huanqiu.com/article/48ueE8d6sB3。

天机器人、AI 绘画、AI 视频工具、AI 音频工具、AI 文本工具、AI 代码编写等等。这些应用工具都已超过使用阈值，迅速转化成直接的生产力，并正创造出令人目眩的巨大商业价值。

同时，人工智能技术正迅速扩展其技术体系和应用场景。仅就中国而论，根据《中国新一代人工智能科技产业发展报告 2024》，到 2024 年，我国人工智能产业技术体系包括大数据和云计算、大模型、知识图谱、具身智能等 24 个技术类别。报告基于中国 4311 家人工智能企业的属性和关系数据分析，指出我国人工智能应用领域已扩展至企业智能管理、新媒体和数字内容、AI for science 等 20 个细分场景。①

人工智能和数字经济作为一种泛在新动能，其与经济社会的深度融合，将重塑一切行业的业务基础和运行逻辑，各行各业将不断涌现出新产品、新技术、新业态和新模式。面对信息科技革命的这种发展态势，如何塑造新发展动能，形成新质生产力，通过新供给引导新消费，开拓新的成长空间，各行各业均需要通过多维度尝试和不断探索来作出回

---

① 中国式现代化发展研究院、中国新一代人工智能发展战略研究院：《中国人工智能产业创新版图："极化"和"扩散"》(中国新一代人工智能科技产业发展报告 2024)，https://cingai.nankai.edu.cn/2024/0621/c10232a546068/page.htm。

答。而作为内容产业的出版业，必须在新的技术条件下、新的文化阅读场景中、新的消费市场上，尤其要面向"数字原生代（Digital Native）"的文化需求和消费习惯，面向各类通用与垂直应用场景中数字经济持续扩张的数据需求，始终坚守文化创新创造、文化传承发展、知识传播服务这一出版业的核心功能，通过适应、变革和融合，重新定义自己在文化消费与信息服务市场中的业务范围，重构出版业自身的立身之基和发展途径，有效应对 AIGC 对传统内容生产和信息服务业带来的颠覆性影响，从而在数字经济迅猛发展的大潮中赢得新的生机。

当然，从人类的历史来看，对每一次重大技术创新的影响大小及其渗透进入社会经济活动的速度，即便是学识深厚、深孚众望的人士，也常会作出错误的判断（阿玛拉定律）。激进者总是太过乐观，对应用技术创造的新产品，对其普及速度和替代速率，始终估计过快，以为会一夜变天；保守者则对技术创新的影响面之广和影响力之大始终估计过低，偶尔还会轻视或蔑视技术变革。以电子书为例，这一产品面世后，有人估计电子书销售额将很快超过纸质书，激进者甚至说纸质图书即将消亡，实际情况证明这一激进预测已经失败；保守者则声言纸质图书不可替代，而当电子书发展状况不如人意时，就有人说电子书发展已是强弩之末、"秋后蚂蚱"[1]。历史已经证明，这种忽上忽下的判断是不可取的。对于人工智能技术的发展及其商业应用，我们必须保持一种理性、客观、积极的态度，加强学习，深入参与，并且正确对待其发展过程中的起伏和挑战。

五、传统出版发展方式亟待转型

进入新世纪，尽管中国纸质图书的出版和销售总量实现了显著增长，但其增长速度并未能与中国经济的增速保持一致，实际上，它明显低于名义 GDP 的增长率。而在全球主要出版强国中，纸质图书出版业的增长率低于名义 GDP 的增长率，亦是普遍现象。这表明，纸质图书出版业在面对数字化浪潮时，如何培育新的增长动能、探索转型发展的路径并开启新的增长周期，是一个亟待解决的课题。

从全国图书出版定价总金额（造货总码洋）的增长倍数来看，与 2001 年相比，2021 年的全国图书出版定价总金额增长了 4.6 倍，其中书籍类（不包括课本的图书）定价总金

---

[1] 对这种论调的反驳，见张书卿：《从多源统计数据探究美国图书出版业发展》，《出版参考》2020 年第 6 期。

额增长了 6.4 倍，课本类定价总金额增长了 1.8 倍（2001 年课本类定价总金额为 174.5506 亿元，2021 年为 489.0588 亿元），而 2021 年中国名义 GDP 总量较 2001 年增长了 9.47 倍，可见出版定价总金额与名义 GDP 二者在增长速度上的差距。

从全国图书出版定价总金额的增长动力来看，与 2001 年相比，2021 年的全国图书出版定价总金额增长了 4.6 倍，但总印数只增长了 88%，单品种印数只有 2001 年的 54.9%，而品种数增长了 242%，印张单价增长了 113.71%（图 5）。扣除课本后的书籍类出版情况与此大体一致（图 6）。这一方面说明中国图书出版业的市场化、大众化力量在持续增强，另一方面也说明全国图书出版定价总金额的增长主要还是依靠品种扩张和定价提高，单品种效率整体上是下降的，产业发展方式还比较粗放。

从全国出版物的销售和库存指标来看，与 2001 年相比，开卷公司监控的 2021 年全国图书零售市场的销售码洋增长了 6.52 倍[①]，但 2021 年全国出版物库存总金额增长了 4.73

---

① 由于开卷公司近期对其监控的 2019 年及之后的全国图书零售市场销售码洋规模作了调整，但暂未对 2019 年之前的数据作调整，因此此处所得出的增长倍数是放大的，全国图书零售市场销售码洋的实际增长倍数应该比 6.52 倍这个数字要小。

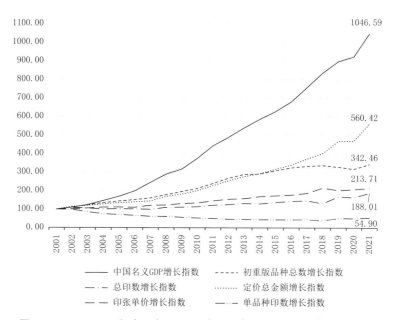

图 5　2001—2021 年中国名义 GDP 与图书初重版品种总数、总印数、
定价总金额、印张单价、单品种印数增长指数

资料来源：国家统计局网站，国家新闻出版署发布的各年度"全国新闻出版业基本情况"。

倍，而纯销售金额只增长了 2.27 倍（这反映出图书零售折让力度不断加大及呆滞库存图书的处理量巨大）。出版物库存金额自 2006 年超过纯销售金额后，其与纯销售之间的差额，总体保持持续放大的态势（图 7）。2022 年末，全国出版物库存金额再创新高，达到 1819.38 亿元 [①]，较上年增长

————————

① 　数据来源：国家统计局网站。

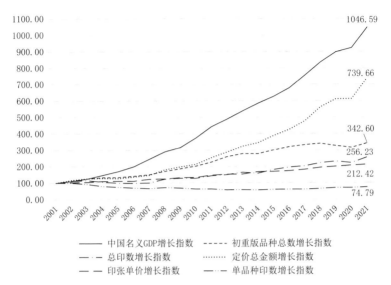

图 6 2001—2021 年中国名义 GDP 与书籍类出版种数、总印数、
定价总金额、印张单价、单品种印数增长指数

资料来源：国家统计局网站，国家新闻出版署发布的各年度"全国新闻出版业基本
情况"。

6.66%。出版业库存积压总量巨大，供需矛盾凸显，滞胀风
险不断升高，在一定程度上表明出版行业在去库存方面有较
大的压力。这既反映纸质图书出版作为传统产业在成长上受
到了制约，也与中国出版主要以国内市场为主有关，造成其
增长速度无法比肩于改革开放后由投资、消费、出口拉动的
整体国民经济发展速度。而随着数字化的飞速发展和信息技
术的不断迭代，技术进步造就的新文化、新娱乐消费形态和

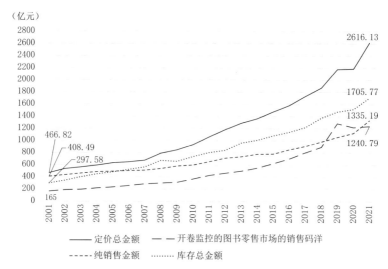

（亿元）

图 7　2001—2021 年全国出版定价总金额、库存总金额、纯销售金额、
　　　开卷监控的图书零售市场的销售码洋

资料来源：国家统计局网站、国家新闻出版署发布的各年度"全国新闻出版业基本情况"、北京开卷信息技术有限公司。

消费方式，对纸质图书消费产生了一定的替代性，也影响了纸质图书业务的成长性。

六、传统出版行业的生态亟须改善

2020—2022 年三年新冠疫情，对包括中国在内的全球图书出版业造成巨大冲击。根据开卷公司数据，2020 年，全国图书零售市场销售码洋为 1221 亿元，同比下跌 5.08%，是图书零售市场持续多年增长情况下第一次出现负增长；2021年，图书零售市场销售码洋同比微增 1.65% 至 1241 亿元；2022 年，图书零售市场销售码洋同比下降 11.77% 至 1095亿元。

2023 年，在疫情防控转段之后，中国图书出版业整体复苏进程缓慢，前三季度整体零售市场销售码洋仍呈现负增长，全年终于由负转正，销售码洋同比增长 4.72% 至 1146亿元，但销售实洋同比下降 7.04%（就出版单位的经营而言，销售实洋这一指标更有价值和意义），市场整体恢复不及预期。

2024 年，全国图书零售市场的销售码洋和实洋同比均出现负增长。虽然销售码洋（1129 亿元）下降（−1.52%）有限，但主要是零售教辅的上行拉动效应的结果，而对在其他产品线耕耘的出版机构而言，依旧面临着码洋下降率在 5% 左右的严峻市场形势。销售实洋同比下降 2.69%，超过码洋下降率，这表明图书零售市场对消费者的折扣力度进一步加大，行业整体的利润水平持续呈现螺旋式下降的趋势（图 8）。

出版业渠道正在经历深刻的变革和结构上的剧变。开卷公司的数据显示，传统渠道的流量在不断衰减并加速转移。2016 年，线上零售渠道的销售码洋首次超越了线下渠道，此

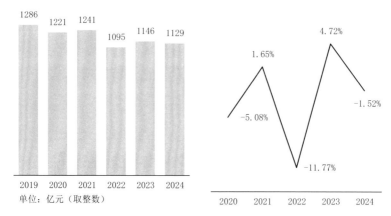

图 8　2019—2024 年全国图书零售市场销售码洋
规模（推总）及码洋同比增长率

资料来源：北京开卷信息技术有限公司。

后，线上销售增长与线下销售下降的趋势愈发明显。各类电商业态正加速创新，竞争手段层出不穷。实体书店不得不迅速转向线上销售，而出版单位也通过直营方式拓展线上市场，这使线上销售的份额持续上升。2024 年，线上零售渠道的销售码洋占比已超过 86%，而线下零售渠道的占比仅为 14%。2024 年，实体店渠道的销售码洋同比下降了 7.9%，实体书店面临生存挑战，且这一趋势似乎难以在短期内逆转（图 9）。随着数字化的加速推进和消费市场格局的演变，线上渠道的流量分布变化迅速，不同电商平台的境况也呈现出显著差异。具体而言，传统平台电商的流量增长已达到顶

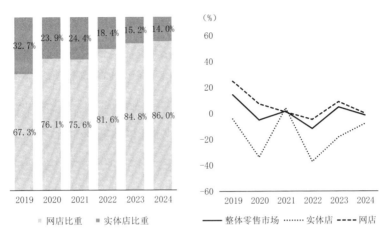

图 9　2019—2024 年全国图书零售市场线上线下不同渠道
码洋比重及同比增长率

资料来源：北京开卷信息技术有限公司。

峰，吸引新客户和激活老客户的难度日益增加，销售动能明显下降。2024 年平台电商的销售码洋同比下降了 12.2%；垂直电商和其他电商增长乏力，2024 年销售码洋同比下降了 8.5%；而内容电商（特别是短视频电商）自 2020 年新冠疫情暴发以来迅速崛起，持续高速扩张，2024 年销售码洋同比增长了 27.6%，尽管增长速度有所放缓，但依然是推动整体图书零售市场销售码洋增长的主要力量。

行业生态失序，亟须整顿治理。渠道的去中介化愈演愈烈，从取消中间商赚取差价，到让消费者直接享受厂家的出厂价，再到让消费者获得生产成本价，这种内卷化的竞争最终导致了混乱不堪的局面。我们要看到，电商的普及给消费者带来了极大的便利，对打破地域分割、塑造全国统一大市场有积极意义。但同时应注意，渠道结构的变化，电商的价格战，给出版业的发货、结算和利润获取带来前所未有的挑战。这几年，电商渠道对供货商图书销售返点要求越来越多，给出版单位的销售结算折扣（指结算实洋）越来越低，内容电商更是行业重灾区，出版社的生存空间不断被侵蚀。2025 年初开展年终盘点，开卷公司监控的数据显示，图书综合零售（渠道对消费者）的折扣从 2020 年的 64.0%、2021 年的 62.7%、2022 年的 66.3%、2023 年的 60.6%，下跌至 2024 年的 59.3%，出版单位的结算折扣也不得不继续下降，业界已经发出图书售价折扣降无可降的呼声[①]。为应对销售渠道的平台费、返点和低折扣要求，出版单位在制定出版物价格时不得不仔细考量，导致图书价格不断攀升，市场上同一产品不同价格的现象已成常态，图书出版业价格体系前所未有地混乱。同时，虽然打击侵权的执法力度不断增强，但盗版、复印书现象还是屡禁不止，仿冒书、跟风出版、粗糙的

---

① 杨伟：《图书售价折扣已降无可降》，出版人杂志公众号，2025 年 1 月 20 日。

汇编书持续出现，严重损害知识产权拥有者的权益，对正常市场秩序构成严峻挑战。对这种状况如不加以改善，任其持续下去将不利于出版事业和出版产业的健康发展。有关部门应对当前出版业的渠道销售体系的状况开展专项调查研究，在听取各方意见和建议的基础上，依法依规，整顿出版业销售渠道的各种乱象，维护正常的渠道体系和价格体系。

七、政府的政策支持

针对出版业发展遇到的问题和面临的挑战，有关政府部门正在积极采取行动，加大扶持力度，支持出版业深化体制机制改革，推动出版业高质量发展。

2023 年以来，为支持包括出版业在内的文化发展，国家出台了一系列政策文件。例如《关于延续实施宣传文化增值税优惠政策的公告》明确 2027 年 12 月 31 日前，延续执行出版物在出版环节增值税 100% 和 50% 的先征后退政策。①又如《关于延续实施文化体制改革中经营性文化事业单位转制为企业有关税收政策的公告》《关于文化体制改革中经营

①《关于延续实施宣传文化增值税优惠政策的公告》，见中国政府网。

性文化事业单位转制为企业税收政策的公告》，明确对经营性文化事业单位于 2022 年 12 月 31 日前转制为企业的，自转制注册之日起至 2027 年 12 月 31 日免征企业所得税；对由财政部门拨付事业经费的文化单位于 2022 年 12 月 31 日前转制为企业的，自转制注册之日起至 2027 年 12 月 31 日免征其自用房产的房产税。①2025 年 1 月 20 日，国务院办公厅印发《关于推动文化高质量发展的若干经济政策》，这一政策由中央宣传部会同中央网信办、国家发展改革委、科技部、工业和信息化部、财政部、人力资源社会保障部、自然资源部、商务部、文化和旅游部、中国人民银行、税务总局、广电总局等有关部门拟定，共八个方面，包括财政支持、税收优惠、金融服务、科技创新、用地保障、收入分配、支持转制企业等七大类十五条政策，除了重申有关增值税、所得税、房产税支持政策外，从财政扶持到项目支持，从科技创新到收入分配，都有明确支持包括出版业在内的文化发展的措施。② 可以预见，相关政策落地实施后，将对中

---

① 《关于延续实施文化体制改革中经营性文化事业单位转制为企业有关税收政策的公告》《关于文化体制改革中经营性文化事业单位转制为企业税收政策的公告》，见中国政府网。
② 《国务院办公厅印发〈关于推动文化高质量发展的若干经济政策〉的通知》，见中国政府网。

国出版业克服挑战、实现转型升级产生积极的推动效果。我们期待政府在市场秩序监管、市场环境塑造、产业新动能培育方面继续出台新的支持政策，为中国出版业的健康发展提供更加优良的发展条件。

而在大力推进数字中国建设的过程中，国家亦有多项利好出版业发展的政策出台。2022 年 1 月 12 日，国务院印发《"十四五"数字经济发展规划》，规划中强调要坚持应用牵引、数据赋能，要充分发挥数据要素作用。[①]2022 年 12 月 19 日发布的《中共中央 国务院关于构建数据基础制度更好发挥数据要素作用的意见》（即"数据二十条"），明确了数据要素的发展方向和发展原则。[②]2023 年 2 月 27 日，中共中央、国务院印发《数字中国建设整体布局规划》，明确提出要"推进文化数字化发展，深入实施国家文化数字化战略，建设国家文化大数据体系，形成中华文化数据库。提升数字文化服务能力，打造若干综合性数字文化展示平台，加快发展新型文化企业、文化业态、文化消费模式"[③]。2023 年 8 月 1 日，财政部印发《企业数据资源相关会计处理暂行规

[①] 《国务院关于印发〈"十四五"数字经济发展规划〉的通知》，见中国政府网。

[②] 《中共中央 国务院关于构建数据基础制度更好发挥数据要素作用的意见》，见中国政府网。

[③] 《中共中央 国务院印发〈数字中国建设整体布局规划〉》，见中国政府网。

定》(即数据入表要求)①，12 月 31 日，财政部又印发《关于加强数据资产管理的指导意见》②，两份文件从财务角度对数据资源资产化管理使用作了清晰的界定。2023 年 12 月 31 日，国家数据局等 17 部门联合印发《"数据要素 ×"三年行动计划（2024—2026 年）》，针对"数据要素 × 工业制造"等 12 个领域，提出了数据要素赋能的三年行动计划，目的是通过强化场景需求牵引，带动数据要素高质量供给、合规高效流通，培育新业态、新模式，充分实现数据要素价值。③2024 年 12 月 26 日，国家发展改革委等部门印发《关于促进数据标注产业高质量发展的实施意见》，提出到 2027 年，数据标注产业专业化、智能化及科技创新能力显著提升，产业规模大幅跃升，年均复合增长率超过 20%。④2024 年 12 月 28 日，国家发展改革委等部门印发《关于促进数据产业高质量发展的指导意见》，进一步明确了推进数据产业发展的原则，给出了数据技术和产业重点发展方

---

① 《财政部关于印发〈企业数据资源相关会计处理暂行规定〉的通知》，见中国政府网。
② 《关于印发〈关于加强数据资产管理的指导意见〉的通知》，见中国政府网。
③ 《国家数据局等部门关于印发〈"数据要素 ×"三年行动计划（2024—2026 年）〉的通知》，见中央网信办网站。
④ 《国家发展改革委等部门关于促进数据标注产业高质量发展的实施意见》，见中国政府网。

向。[①]2025 年 1 月 6 日，国家发展改革委等部门印发《关于完善数据流通安全治理 更好促进数据要素市场化价值化的实施方案》，对到 2027 年中国在数据流通安全治理体系领域的建设提出了明确的要求。[②] 这些政策从数据基础设施建设、数据要素价值激活、数据标注产业发展、数据流通安全治理、数据资源资产化等多个维度，为中国数据产业的发展和数据经济的建设提供了全面的指导，为出版业深入推动数据资源的管理建设、开发利用、转化赋能等指明了方向。

在奋力实现党的二十大报告提出的 2035 发展目标的征程中，中国出版业定能把握机遇、战胜挑战，通过持续增强核心功能，不断提高核心竞争能力，推出更多优秀作品，加速产业转型发展，走出一条具有鲜明中国特色、符合中国式现代化发展需求、更好地服务于国家重大战略的高质量发展之路。

[①] 《国家发展改革委等部门关于促进数据产业高质量发展的指导意见》，见中国政府网。

[②] 《国家发展改革委等部门印发〈关于完善数据流通安全治理 更好促进数据要素市场化价值化的实施方案〉的通知》，见中国政府网。

守正创新:
推进中国出版业转型发展*

面向 2035 发展目标,中国出版人,应立足当下,着眼未来,统筹中华民族伟大复兴的战略全局和世界百年未有之大变局,以社会主义核心价值观为引领,以推动出版业高质量发展为主题,以深化出版领域供给侧结构性改革为主线,以推动出版业改革创新为根本动力,以多出优秀作品为中心环节,以满足人民日益增长的学习阅读需求为根本目的,以数据融合、数据服务为转型途径,精益管理,高效运营,努力实现出版产业与出版事业的全面繁荣和发展。

---

* 本文写于 2024 年 8 月,是《中国出版业:面向 2035 的思考》(刊《编辑学刊》2024 年第 6 期和 2025 年第 1 期)的第三部分。收入本书时,作了一些补充和修改。

一、做强主题出版和主流出版

文化是民族的血脉，是人民的精神家园。文化兴国运兴，文化强民族强。中国出版业应全面落实党的二十大和二十届三中全会精神，贯彻新发展理念，构建新发展格局，推动高质量发展，推进中国式现代化，锚定建成文化强国战略目标，不断发展具有强大思想引领力、精神凝聚力、价值感召力、国际影响力的新时代中国特色社会主义文化，筑牢强国建设、民族复兴的文化根基，为实现中华民族伟大复兴的中国梦贡献力量。

习近平总书记指出："对文化建设来说，守正才能不迷失自我、不迷失方向，创新才能把握时代、引领时代。守正，守的是马克思主义在意识形态领域指导地位的根本制度，守的是'两个结合'的根本要求，守的是中国共产党的文化领导权和中华民族的文化主体性。创新，创的是新思路、新话语、新机制、新形式，要在马克思主义指导下真正做到古为今用、洋为中用、辩证取舍、推陈出新，实现传统与现代的有机衔接。"①

---

① 习近平：《在文化传承发展座谈会上的讲话》，《求是》2023 年第 17 期。

我们要牢牢把握"两个结合"的要求，勇立潮头，履行好主责，做强主题出版和主流出版。要紧扣马克思主义基本原理同中国具体实际相结合、同中华优秀传统文化相结合这个主线，立足中华民族伟大历史实践和当代实践，切实把握中国化和时代化的要求，用中国道理总结好中国经验，把中国经验提升为中国理论，推出更多宣传阐释习近平新时代中国特色社会主义思想这一马克思主义中国化的最新理论成果，在中华优秀传统文化的创造性转化和创新性发展上多下功夫，从而铸造更多具有中国风格与中国气派的精品力作，把主题出版和主流出版做深做透，巩固壮大奋进新时代的主流思想舆论，为实现中华民族精神上的独立自主提供文化基础。

二、紧扣需求，抓产品的规划和策划

我们要紧扣当代中国的文化消费需求，抓产品的规划和策划，布局产品生产和服务。要落实举旗帜、聚民心、育新人、兴文化、展形象的要求，针对当下中国文化消费的新需求格局，从需求端出发，从供给侧发力，锻造更加强大、高效、高质量的内容生产能力。

具体来说，中国出版业需要面向国内以 X 世代（Generation X，1965—1980 年出生）和千禧一代（Millennials，1981—1996 年出生）为主力的 4 亿中等收入群体的文化消费期望，要面对 Z 世代（Generation Z，1997—2012 年出生）及陆续登场的 A 世代（阿尔法一代，Generation Alpha，2013—2025 年出生）群体的个性化与泛文化消费需求，要面向三、四线下沉消费市场的文化需求，加快优化调整出版业组织内部的体制机制，形成符合时代需求的内容生产能力和服务能力，提供更多高质量的内容产品，从而不断满足人民群众日益增长的文化需求。

三、推进出版数字化建设

我们要直面数字经济发展要求，全力推进出版数字化建设，积累专业化、体系化的内容资源。习近平总书记讲要"使互联网这个最大变量变成事业发展的最大增量"[1]。我们要按照数字中国的建设要求，加快出版业数字化建设步伐，加大数字化投入，以我们长期积累和正在持续积累的各类内容

---

[1] 习近平：《自觉承担起新形势下宣传思想工作的使命任务》，《习近平谈治国理政》第三卷，外文出版社 2020 年版，第 311 页。

数据为本，分型分类、离散聚合、数智创生，积极推动各类出版数据资源的整合创造，通过数据创造价值，以数字技术赋能并改造传统出版产业。

从数字经济和数据技术这个全新的维度出发，可以说所有的出版领域，在数字化时代都有做第二遍的机会，都有做第二遍的价值，都能在融入数字经济大潮中获得新的生机。要开展前瞻性的规划和长期建设，加速出版组织创新，紧密围绕专业化出版和"专业化数据"积累这个中心，同步开展纸质出版和数字资源库建设；在细分学科和专业领域，加快体系化的垂类数据归集，再横向打通整合，构建"领域知识图谱"（基于行业数据构建和应用）、"全域知识图谱"（用于构建结构化的百科知识）；推进知识图谱与大模型的融合发展，既要加快运用大模型技术，推进出版业结构化数据和非结构化数据的处理，增强知识图谱，又要发挥知识图谱对大模型在预训练、微调及应用到各类场景时的知识增强作用；①要深化拓展数字科技、数字人文、数字教育等各类应用服务

---

① 关于知识图谱与大模型的融合互补，请参阅黄勃、吴申奥、王文广等：《图模互补：知识图谱与大模型融合综述》，《武汉大学学报（理学版）》2024 年第 4 期。蚂蚁集团联合各所名校发表了有关图谱检索增强生成（GraphRAG）的综述论文，详请参阅 boci peng., et al., "Graph Retrieval-Augmented Generation: A Survey", arXiv preprint arXiv: 2408.08921v1［cs.AI］15 Aug 2024。

场景，持续迭代，不断创新；探索开展数据资产的归集、确权、维权、评估、交易、应用和监管等各项工作，扎扎实实地推进出版业的数据资源化、资源产品化、产品资本化。总之，出版业应联合其他行业，积极探寻数据资产的价值发现和价值提升途径，以出版业的数智化赋能实体经济和数字经济的发展。

四、重塑和重构营销渠道

当下，中国经济正处于结构调整和产业升级转型的关键时期，每一个行业内部结构都在发生革命性的变化，生产端连接终端消费者的方式也在革命性重组和再造进程中。因此，如何更有效地连接消费者成为各行各业都在探寻的重要课题。

中国出版业正积极迎接产业革命和技术革命，针对出版市场变化和消费市场变局，通过应用技术、创新服务，全力推动"线上＋线下＋社群"营销渠道的融合发展，探索新型出版营销模式，力图重塑和重构书业渠道体系。

在重构和重塑书业营销渠道的过程中，我们应该牢牢把握出版渠道的核心功能和价值，不能有所偏废。即：推动线上、线下和社群营销的融合发展，打通出版物、平台和社区之间的连接通路，让内容提供者与读者之间的知识循环畅通无阻，根本目标在于重塑和再造符合时代要求的价值交换（经济价值）与价值传播（文化价值）体系。只有始终坚守这一根本目标，出版营销渠道的重构，才能帮助我们真正实现出版业高质量发展，更好地服务和满足人民群众日益增长的文化消费需求。

五、提高经营能力和水平

我们要面向高质量发展的要求，提高出版产业的运营能力和水平，不断增强核心功能，提高核心竞争力。要始终将社会效益放在首位，实现两个效益的统一，努力推动出版业实现质的有效提升和量的合理增长，从而不断做强做优做大出版业。

在此，结合中央国资委有关中央企业发展的"一利五率"方面的要求①，对出版企业经营工作提出"六个着力"的

---

① 2023 年，中央国资委对中央企业发展的要求为"一利五率"的"一增一稳四提升"："一增"是指利润总额增速要高于国民经济增速；"一稳"是指资产负债率稳定在 65% 左右；"四提升"是指净资产收益率、研发经费投入强度、全员劳动生产率、营业现金比率要实现进一步提升。

建议：

第一，着力推动出版单位转型发展。要紧扣价值决定来做资源配置工作，实现出版经营方式的转型。在传统出版领域，要加大改革力度，以比较优势为基础，聚焦聚力，深化专业化分工，专业化（不是小众化）出版与经营，努力实现规模经济和经济增长。在转型发展上，要积极推动各类出版数据资源的整合创造，通过数据创造价值，以数字技术赋能并改造传统出版产业。

第二，着力降低费用率。在营收端，应保持合理的发展速度，不断提高人均营收额，尤其是有质量有效益的人均营收额；在费用端，应严格控制成本费用的刚性增长，尤其是员工薪酬的增长要与效率和效益的提升紧密联动。要全面贯彻落实"三能改革"（即干部能上能下、员工能进能出、工资能升能降），激发企业活力和提升运营效率。

第三，着力提高品种效率。要加大一般图书中专业小众图书的大众化转化，加大面向大众市场的精品读物的策划、出版、营销，加大自主创新的力度，多出时代精品，提高重版率，真正将产品目录的厚度和高度做出来。

第四，着力提升营运效率。要大力提高存货周转率，通过设定合理的外库（在途）与内库（库存）比，提高产发率和实销率，不断降低整体库存水平。

第五，着力提高企业经济增加值的贡献。习近平总书记指出："从投入产出看，高质量发展应该不断提高劳动效率、资本效率、土地效率、资源效率、环境效率，不断提升科技进步贡献率，不断提高全要素生产率。"[①] 出版业需对资本的产出水平有足够的重视，要不断提高全员劳动生产率，尤其是要不断提高人均利润水平和人均产出。

第六，着力提高营业现金比率。企业在运营活动中所获取的现金收入与营业总收入之间的比率，反映了企业运营活动的获现能力和盈利质量。经营者必须高度关注企业现金流的状况，保持其合理的流动性。对一家企业来说，在正常的情况下（初创企业或研发为主的企业除外），未能带来利润的营业收入，尤其是那些无法覆盖直接成本和相应管理费用的营业收入，没有价值；同时，如果企业损益表上有利润，但是经营活动现金流并没有相应增加，且这种情形连续数年，则这种利润的真实性，也是值得怀疑的。

---

① 习近平：《我国经济已由高速增长阶段转向高质量发展阶段》，《习近平谈治国理政》第三卷，外文出版社 2020 年版，第 238 页。

努力发挥出版集团的
规模效应*

从 1998 年开始，中国出版业大规模地开展了组建出版集团的活动。经过数年实践，各地组建出版集团的活动基本结束。2003 年 7 月，中办和国办转发《中宣部、文化部、广电总局、新闻出版总署关于文化体制改革试点工作的意见》，10 月，中共十六届三中全会通过《中共中央关于完善社会主义市场经济体制若干问题的决定》，对深化文化体制改革提出了明确的要求。根据中央的统一部署，全国各出版集团正在全面酝酿转企改制。

在这些年组建集团的活动中，关于组建集团及集团运作方式的争议始终存在，如组建集团的根本目的就是当前中国

---

* 本文写于 2003 年 11 月，刊《编辑学刊》2004 年第 3 期。收入本书时，略作修订。

的出版组织规模过于弱小，难以产生规模效应，而对于如何
发挥出版集团的规模效应（这也是集团存在的主要理由），
这些年业内外不断有质疑，业界关于出版集团的行政捏合和
内涵式发展的讨论正是这一质疑的表现。那么如何发挥出版
集团的规模效应呢？众多通过合并而组成的集团在发展、运
作中又应当注意什么呢？

一、统一规划，形成合力

纵观世界传媒产业的发展历程，集团化是国际出版业获
得迅速成长的重要经验。按照国际上发达国家出版业发展的
经验，在经过较长一段时间的兼并扩张后，市场的主要份额
将集中到大型出版集团手里。如美国1997年底20家大型出
版集团获得全美出版市场85%的份额，而到2001年底，10
家出版集团就占有了全美出版市场85%的份额。强者越强，
这种"马太效应"表现得极为明显，出版集团的规模效应更
加显著。中国出版产业的发展最终也将肯定形成这种局面。

当前，国内所组建的出版集团，大都是纵跨大众出版、
教育出版、专业出版三大业务领域的综合性出版集团，即便
是号称专业出版集团的也包括了大量的教育或大众出版的业

务。不仅如此，有很多集团采取多元化发展战略，投资多个与出版无关的如房地产、酒店等商业或工业领域，这很像人们说的国际上传媒集团化进程中曾经出现过的"死尸的融合"[①]。而如此庞杂的业务范围很容易导致出版集团的面貌模糊，定位不明确，主业不突出，难以迈开全面业务融合的步伐，更难形成出版产业的核心竞争力，真正产生我们所期盼的打造共同市场、降低平均成本的规模效应。

既然集团化是中国出版业的必然选择，那么，为避免重蹈世界传统媒体行业"死尸的融合"式集团化的覆辙，我国的出版集团在组建和运作过程中，该如何真正做到使合并进集团的出版资源形成优势互补，获得协同效应，从而迅速降低成本，纵横拓展市场，产生相应的规模效应呢？

根据国内外的经验，这要求解决我国出版集团的定位和发展战略问题。出版是内容产业，要清晰确立出版集团的发展战略，就必须紧紧抓住内容产业的特点，围绕内容提供开展发展战略的制定工作，通过统一规划，协调配置资源，突出主业，形成合力，不断增强出版集团在内容提供方面的能力，强化其所提供内容的特色。为此，必须明确出版集团的

---

① 参见陈昕：《美国传媒集团考察——兼论中国出版业长期发展的若干问题》，《中国图书商报》2002 年 8 月 13 日。

基本业务领域，尤其是要紧紧抓住核心业务领域，确定哪些出版领域集团应该倾力发展——这些出版业务领域现在或今后是集团的主要收益来源；同时，这些出版业务领域应具有良好的成长前景，可以通过不断维护而保持蓬勃的生命力，继续发展壮大，是集团长远发展的主要根基。至于那些与增强集团核心竞争力关联程度不大的业务则必须舍弃。

二、做大平台，降低成本

要使出版集团产生规模效应，除了要制定突出主业、全力打造核心竞争力的发展战略外，还必须解决集团自身在管理上存在的刚性问题。管得过多过死，将使集团的运作效率迟缓，市场反应迟钝，难以产生竞争力；而如果管得很少，出版集团本部又变成另一个新闻出版局式的行政机关，在出版资源的整合上将无所作为，徒然多了一个管理层。所以，必须在合理、有限、有效的范围内发挥集团刚性的作用，也就是要明确集团做什么可以降低集团整体业务成本，从而增强集团的竞争力；什么做了会增加成本，从而削弱集团的竞争力。

集团化的根本目的是产生规模效应，而产生规模效应的途径主要有两种：一是通过对已有的业务进行重组，打造共同市场，降低平均成本，达到1+1>2的目的，这也是我们在一般意义上说的组建出版集团的目的；二是通过业务融合，多种媒体、多种形式互动开发同一内容，将同样的内容用不同媒体形式进行包装转化，或者围绕品牌建设，进行相关衍生产品的开发，从而不断延长产品的价值链，最大限度地推向市场和占领市场，获得最大化收益。

因此，集团要做的主要工作就是围绕业务重组和业务融合，按照统一规划的要求，进行集团主要资源的配置，做大平台，降低成本，拓展市场，增强竞争力。

当然，做大平台必须具备相应的条件，而这又是以当今时代数字化技术的迅速发展为前提的。在全球出版的数字化浪潮下，出版业的业务形态和业务结构必将产生巨大的变化。我国的出版集团必须赶上数字化浪潮的步伐，广泛应用信息技术，改造出版业务流程和业务结构，不断优化技术平台，打造数字化时代的新型出版业态，从而全面整合集团的物流、商流、资金流、信息流。

这些平台包括：（1）在出版内容数字化的基础上，进行大型专业数据库的开发和建设。为此，必须全面加快出版物的数字化步伐，迅速积累庞大的专业化的数字化资源。

（2）进行数字化网络编辑业务平台和出版平台的建设。一方面，大型数据库建成后，将为编辑工作的开展提供便利，同时，网络编辑（协同编纂）平台的建成，将实现无纸化办公，从作者来稿到编辑加工再到排版校对乃至印刷出版，所有的出版流程都将逐步放到互联网上进行，从而使编辑工作的时间和空间环境发生革命性的改变。而作为数字化时代出版的重要内容，E-BOOK、POD、网络出版的发展极为迅猛，新型出版平台的建设已经全面提上出版业发展的议事日程。（3）加紧建立现代图书物流。现代图书物流指运用现代网络传输和通信技术，实现图书配送的网络化和智能化，它包括出版商物流和分销商物流。（4）全面开展图书电子商务。（5）依托互联网，全面整合集团的信息资源，将出版单位内部分散的孤立的信息资源连接起来，整合内部财务会计、管理会计、生产计划及管理、物料管理、销售与分销等主要的经营活动，既可以优化配置各种出版资源，降低运行成本，扩大图书销售，提高顾客满意度，提高经营效率，又可以为领导的经营决策提供科学的依据，提高盈利水平，从而实现企业由相对封闭走向开放、信息处理由事后走向适时、管理方式由传统走向现代的转变。

这些平台的建设，将使集团的运作水准迅速提高，它们将为集团内的出版单位提供全面的服务，让集团内所有的物流、商流、资金流、信息流在一个统一高效的平台上奔流，极大地降低交易、沟通的成本，从而达到通过做大规模降低平均成本的目的。但是，这种建设工作需要统一的规划，需要大量的资金投入，更有赖于比较庞大的出版组织。若没有相应的规模和实力，单个出版单位根本不可能做到，而这正是集团应该倾力为之的，同时更是集团显现其规模效应之所在。

三、划小核算，提高效率

要真正发挥集团的规模效应，必须解决集团在人力、财力、物力等资源上的配置效率问题。统一规划、做大平台，主要针对集团掌控大的投资项目、大的组织变革而言，也就是解决整体的、宏观上的资源配置问题。出版集团是由多个中小型出版组织构成的，这些中小型出版组织就是一个个的企业，从单个企业的运作角度考虑，它要解决的核心问题是如何紧跟市场变化、快速有效地配置资源。这就需要缩短微观经济组织的经营决策链的长度，保持灵活快速的反应速度，革除大集团自身天然具有的行动迟缓的弊病。前面我们说要合理发挥集团管理的刚性作用，防止集团管得过多过死，就是针对集团对于下属成员单位的管理而言的。

现代社会的一个重要特点就是社会分工的日益专业化。就一家出版集团而言，它可能涉及多个出版领域，包容多个学科，面向不同的细分市场，服务于不同的人群，即便是仅涉足大众出版、教育出版、专业出版中某一个领域的出版集团，它所出版的图书内容也是五花八门的。俗语说："隔行如隔山。"没有相应的专业基础和专业眼光，一个什么书都出的小型出版组织是什么书都出不好的。因此，作为一种必然的选择，在集团内的各个出版组织，应围绕集团核心业务的发展战略，进行细致的业务重组和归并，按照专业原则，以品牌建设为导向，进一步深化专业分工。这就需要把庞大的集团细分为一个个以品牌为标志的微观组织，划小运作单位，以品牌为核心建立专业的工作团队，独立核算，独立考核。以这些工作团队为主体，让其在集团统一的大平台上，在其权责范围内快速有效地针对市场变化，自主确立选题和项目，把握运营周期，做好营销，拓展市场。

出版集团内要划小核算单位，形成激励机制，也与出版的产业特点密切相关。在三大出版领域，除了教育出版具备较多的工业生产的特点，即品种不多、可以进行大规模的流

水线生产，大众出版和专业出版都具有多样性的特点，产品
的重合度极低，每一种图书都是一个与其他品种完全不同的
新产品，它们所面对的读者也会不同。而即便是同一个书
名，作者不同，就是完全不同的图书；即便是同一书名、同
一作者，版本不同，价值也就不相同。这就决定了出版业很
难如工业品生产企业那样进行大规模的流水线生产和全面立
体的市场营销。出版者能做的只能是针对某一细分市场，按
照品牌来组织出版和开展市场营销活动。这决定了出版集团
在微观运作层面的制度和体制安排，即必须建立以品牌为
核心的工作团队，负责具体产品的开发、生产和市场营销
活动。

　　而对于这些以品牌为标志的工作团队，还要解决它的制
度安排问题，建立有效的激励机制，也就是解决企业的治理
结构问题。它涉及这些工作团队的组织方式、控制机制、利
益分配的制度安排，通过这些制度安排，确定这些团队组织
与集团和集团下属的出版社之间的关系，同时解决其与工作
团队的成员、供货商、销售商、读者等相关利益群体之间的
关系。这种制度安排将决定这些工作团队为谁服务、由谁控
制、风险和利益如何在各利益群体之间分配等一系列问题。
这种制度安排的合理与否是决定这些工作团队绩效高低的最

重要的因素之一。

从企业治理结构出发，这种制度安排要解决的问题主要包括两个层面：第一类是这些工作团队的领导者、组织成员的利益机制，还包括它与作为外部投资者的集团或集团下属出版社的利益和社会利益的兼容问题。其中既包括对这些团队的激励控制问题，也包括它们的社会责任问题。在这方面的合理制度安排将充分激发这些团队的工作积极性，同时保障集团和集团下属出版社的利益，并约束这些团队的出版方向，保证社会效益与经济效益的协调统一。第二类是这些团队领导人的管理能力问题，制度的安排必须有利于解决由于这些团队的领导人的管理能力、思想方式与环境要求错位而出现的决策失误问题，从而及时发现问题，采取措施，纠正错误，降低作为投资人的集团或集团下属出版社利益受损的风险。

当然，在我国各出版集团的组建和运作过程中，要真正发挥集团的规模效应，凸显大集团对全国出版发展的主导作用，除了这些出版集团要通过统一规划、打造核心竞争力，做大平台、降低成本，划小核算、激发微观经济组织的经营活力外，还要统筹解决这三者之间的关系。也就是要在集团层面不断采取措施，通过宏观调控、微观协调，确保集团的发展方向和整体业务的可持续发展。从集团层面来说，要与时俱进，不断研究世界出版产业的发展趋势，研究国际国内图书消费的变化，研究出版技术的变革，适时调整集团的发展战略，解决集团管理层在认知管理上的刚性问题。对于下属出版社和以品牌为核心的微观出版组织，要时时把握它们的出版、经营方向，控制其利益群体的自利动机所导致的负面效应，既激励它们的发展活力，又约束它们的自利倾向，使其做到"从心所欲而不逾矩"，真正融入集团整体的发展战略，并随着集团战略的调整而不断变革。

论出版规划与重大出版
项目的价值*

注重长期出版规划和重大出版项目，可以说是全球出版业十分突出的一个特点。长期出版规划和重大出版项目的组织与实施，在一定意义上，将向世人宣示一家出版机构的战略定位，展现其产品线建设的进展，彰显其品牌的美誉度和影响力。同时，一家出版机构通过重大出版项目的实施，将有可能在特定领域的内容生产和内容服务上，形成独特的竞争优势和持续发展能力，并在市场上获得巨大的商业回报。我们看看剑桥大学出版社规划和出版的各种通史，尤其是在国内影响很大的多卷本"剑桥中国史"，即可见一斑。

这里以 2006 年上海世纪出版集团（以下简称"世纪集

---

* 本文写于 2006 年 7 月，节选自笔者起草的《关于上海世纪出版股份有限公司列入国家"十一五"重点图书规划项目的投入产出分析》。

团")列入国家"十一五"重点图书规划项目为例，来阐述开展长期出版规划与组织重大出版项目对于出版业高质量发展的意义与价值。

在国家新闻出版总署组织制定的"十一五"国家重点图书出版规划中，世纪集团的列选项目数量众多，这是由于我们准备充分，规划启动比较早，集团上下经过多方面广泛的调研，选题论证完善，所以报送的项目质量上乘，在集团各个主要出版领域均有重大项目列选，取得了可喜的成绩。

在国家"十一五"重点图书出版规划所列选的1370种重点图书中，世纪集团下属的所有出版社（12家）这次均有项目列选，列选的80项选题占全国列选图书总数的5.84%，占上海列选总量的54%。同时，在列选的全国396家出版社中，列选图书数量达到10项以上的共有26家，上海有5家，其中世纪集团就占了4席。在全国所有地方出版集团中，世纪集团在列选数量上居于首位，是全国其他地方出版集团列选数量领先者的两倍。

此外，世纪集团已在组织出版"全宋文""世纪人文系列丛书""清人诗文集丛刊""盛宣怀档案全编"，这4个大型出版工程已经得到新闻出版总署有关部门的同意，将在规划调整时列入"十一五"国家重点图书出版规划。

与"十五"时期相比，这次世纪集团下属的 12 家出版社在列选数量上有一定的增长。在"十五"国家重点图书出版规划中，12 家出版社共有 70 项重点图书列选，这次增加了 10 项。而新闻出版总署这次确定的首批重点图书总量比"十五"图书出版规划首批数量减少了 236 种，减少了 14.7%。

这次制定的"十一五"国家重点图书出版规划在选题内容和选题结构上，除了对社会科学和人文科学、自然科学和工程技术方面 38 个学科的重点选题进行规划外，还根据我国政治文化形势发展的需要，特别是根据党和国家大局的要求，专门设立了六大子规划：马克思主义著作出版规划、重大出版工程规划、"三农"读物出版规划、未成年人读物出版规划、"走出去"重点图书出版规划、古籍整理图书出版规划。

世纪集团列选的 80 项重点选题，涉及 38 个学科中主要的 15 个学科和 3 个子规划，其中属于社会科学与人文科学类的有 42 项，属于自然科学与工程技术类的有 20 项，属于未成年人读物出版规划的有 6 项，属于重大工程出版规划的有 4 项，属于古籍出版规划的有 8 项。这些选题反映了世纪集团自身鲜明的特点，并具有以下四个方面价值。

一、世纪品格和世纪追求

如前所述，"十一五"国家重点图书出版规划在首批列选的项目上比"十五"规划初选的项目减少14.7%，这固然是新闻出版总署遴选项目时审查严格的缘故，但同时又说明了部分出版单位对于规划不够重视。因为全国573家出版社，只有451家出版社报送了项目，报送的选题质量也参差不齐，最后有项目入选的出版社只有396家。这也在一定程度上反映了在中国出版业的改革和发展进程中一部分同志的思想，即出版单位转变为企业后，利润成为他们考虑问题的主要出发点。这部分同志认为，组织出版大型的国家出版项目，是过去计划经济时代不计效益的情况下，为图正名而为的。诚然，这与国家重点出版项目属于典型的外部性产品密切相关。因为作为文化和知识载体的书籍，主要承担传递和普及知识与信息的功能，一本书的价值绝不能等同于出版一本书的成本，读书的人越多，对于社会而言，其收益也便越大。换言之，销售一本书的同时，出版社的收益与社会整体收益是不同的，后者要远高于前者。国家重点出版项目就属于那些社会效益很高而私人效益较低，即正外部性较强的图书品种。而对于政府而言，对于正外部性较强的图书产品，政府应该成为实际的提供者以弥补市场提供的不足；而对于那些外部性较弱，私人收益同社会收益背离较小的品种，可以交由市场，按市场经济的法则来提供。由此而言，这部分同志的想法并无大错。

世纪集团对国家重点出版项目的正外部性有十分清醒的认识，对于国家重点图书的组织出版和申报工作有着全然不同的考虑。图书是一种文化商品，这一属性决定了作为商品要以追求利润为目标，同时作为文化商品又必须以文化的普及与提升为宗旨。

正是出于这一认识，世纪集团在转企改制之时，为克服广大员工可能产生的那种出版企业仅需要关注利润的错误思想，将世纪集团的企业使命陈述定义为："通过我们的选择，提供能够创造或增加价值的内容和阅读体验；通过我们的整理，传播人类文明的优秀成果；通过我们的服务，与读者形成良性互动；从而努力成为一代又一代中国人的文化脊梁。"这就是世纪集团的品格所在，更是世纪集团的永恒追求。

世纪集团在申报"十一五"国家重点图书出版规划项目时，组织、申报的项目数量比改制前还要多，项目分量还要重，充分反映了世纪集团在新时期中国文化建设中的责任担当，深刻体现了集团的使命和文化追求。

二、文化传承与文化创新

正是出于对文化使命和文化追求义不容辞的责任担当，世纪集团始终将自身的发展定位于做中国最优秀的文化提供者，而这次列选"十一五"国家重点图书出版规划的 80 项选题，在文化传承和文化创新方面均有显著的建树。

这 80 个项目中，充分关注现代意识的传统文化出版项目就有多项。如集团下属上海古籍出版社策划并列选的"长城丛书"，由两大板块、10 个系列、180 种图书组成，两大板块为文史新编、经典新读，10 个系列包括《中华民族》《辉煌时代》《文物探源》《世界的中国》《文化简史》《文化旅游》《中华意象》《哲人之思》《易知录》《精华录》，采取新型选读本（作品、作者、文化潮流合一的系列读本）和新型知识读本（以现代人眼光对中华文明作多角度审视的系列图文本）。丛书从中共中央关于建设具有开放性、现代性、世界性视野的，"民族的、大众的、科学的中国特色的社会主义文化"的文化总战略高度，来理解中央关于"加强对未成年人以爱国主义为核心的民族精神教育"的方针，力图通过寻找传统文化与现代化的契合点，使这一教育与"加强改革创新的现代精神"相融合，帮助以中学生为主的未成年人成长为传承并发扬民族主体精神的，同时具有世界意识、现代意识的爱国的新一代。其他在文化积累和传承方面有重大价值的项目还有：《中华大典》《金陵大藏经》《中国国家博物馆馆藏文物研究丛书》《上海图书馆藏珍本碑帖丛刊》《故宫博物院藏文物珍品大系（60卷）》《顾炎武全集》《李济文集》《竺可桢全集》等。通过持续不断地创新，积极弘扬民族优秀文化，将为中华民族的伟大复兴提供不竭的精神动力。

同时，广泛吸收国外的优秀文化，融合中西文化传统，树立科学的发展观，对于促进经济社会和人的全面发展也将起到巨大的推动作用。如引进出版的《乔姆斯基文集》《厄普代克文集："兔子"四部曲》《索尔·贝娄文集》《托马斯·曼文集》等将为国人提供政治学和文学方面的经典之作。《剑桥世界人类疾病史》将帮助未来一代人从科学的、历史的和社会的角度了解我们当下对于健康和疾病的理解。而"当代经济学系列丛书"，自20世纪80年代推出以来，始终秉持"推动中国经济学的现代化和国际标准化"的宗旨，累计出版百余种国内外学人的研究论著和教材，对于中国经济学完成从传统向现代的转轨有着不可磨灭的贡献。其引进的著作既着眼于西方经济学传统领域震古烁今的研究文献，亦注重经济学前沿问题的研究向度，而其所收录的国内学者的经济学原创作品，则是中国当代经济学人用现代经济学理论分析中国经济改革和发展实践的见证。今后五年，这一丛书将继续关注现代经济学发展的前沿动态，密切结合中国的实际情况，集中出版一批经济学家的富有远见卓识的力作，为中国的改革开放和社会发展提供宝贵的借鉴。

三、基本布局和重点领域

世纪集团转企改制并发起成立上海世纪出版股份有限公司后，根据现代出版产业发展的规律，积极进行资源重组和整合，调整组织结构和产品结构，全力打造六大图书产品线：基础教育、高等教育、古籍出版、工具书、专业出版、大众出版。这六大图书产品线的构建，表明世纪集团是一家在教育、大众、专业三大出版领域均有很强实力和影响力的综合出版集团，而对产品线的梳理，既显示了世纪集团在出版领域的整体优势所在，又体现了中国图书市场发展的时代特点。在这些主要的出版领域，世纪集团均力图成为市场的领导者，而世纪集团的举措也将深刻影响中国出版产业未来的发展进程。

按照统一部署，世纪集团下属各出版单位在制定

"十一五"出版规划时，贯彻指导思想，根据自身在六大图书产品线中的位置，突出主要出书门类和核心出版领域，在各自所在的细分图书市场上努力进行专业化建设，不断完善业务的基本布局，发展重点出版领域，在主导和影响中国出版产业发展的主要出书领域落实了一大批重大出版项目，并根据新闻出版总署的要求，遴选重点项目上报进入"十一五"国家重点图书出版规划。

由于国家重点图书出版规划在内容和结构上的要求，在基础教育领域，除了列入教育理论和教育研究方面的出版项目外，作为国内基础教育方面主干的各类教材并不在其考虑范围内。而高等教育领域也只有少量的专业教材列选，主要还是教育研究方面的选题。因此，列入"十一五"国家重点图书出版规划的 80 项选题集中反映了世纪集团在古籍出版、工具书、专业出版、大众出版四个领域的布局，并在若干重点出版领域继续巩固和增强集团的领先优势。

在古籍出版领域，全国共有 24 家出版社的 50 项选题列入"十一五"国家重点图书出版规划的古籍出版规划，其中中华书局 11 项，世纪集团下属的上海古籍出版社 8 项（上海地区列选的古籍整理项目全部在世纪集团），全国其他的专业古籍出版社每家只有 1 到 2 项。

在工具书出版领域，语言图书方面，全国 21 家出版社的 29 项选题列选，世纪集团占 8 项（上海共 10 项），其中包括《辞海（2009 版）》《汉语大词典》和《英汉大词典》等特大型原创工具书。在百科和专科工具书方面，世纪集团在全国的优势更加明显。全国共有 31 家出版单位的 44 项选题列选，全国其他的出版社每家只有 1 到 2 项，而世纪集团下属的上海辞书出版社有 9 项，其中包括《大辞海》《中国哲学大辞典》《中国历史人物大辞典》等多部规模巨大的百科和专科工具书。这显示了世纪集团在这一领域的强大出版实力，以及无可替代的市场领导者地位。

在专业出版领域，世纪集团的优势集中于医学出版。全国共有 41 家出版社 97 项医学方面的选题列选，而世纪集团有 9 项（其中 8 项由集团下属的上海科学技术出版社承担），与这一图书市场的主要竞争对手人民卫生出版社（11 项）不相上下，处于前三强之列。在生物、农业等图书方面，世纪集团也有多项选题列选，具备一定的出版实力。

在大众出版领域，世纪集团有 34 项重点选题列选，在哲学、历史、外国文学、文化、艺术、未成年人读物等细分图书市场上具有强势地位，其中在哲学、历史、外国文学、未成年人读物等领域所列选的项目数量居于全国所有出版集团的首位。

四、骨干工程和外溢效应

相对于世纪集团每年出版 8000 种图书（其中 4000 种为新书）[①] 的出版规模而言，这次列选"十一五"国家重点图书出版规划的 80 项选题在数量上极其微小。从成本投入与利润产出来看，其中的一些项目在短期还会亏损。但是，作为未来五年集团在图书出版领域的骨干工程，成功组织和出版这些项目的意义非同凡响，对于集团未来的发展和壮大具有广泛而深远的影响。

优秀的大型出版工程，经过有效运作，将产生显著的外溢效应。世纪集团组建伊始，就一直强调组织大的出版工程对于各出版单位发展具有重大的促进作用。而在制定集团"十一五"规划和申报国家重点图书项目的过程中，集团和下属各出版单位就始终贯彻了这一宗旨，所以世纪集团的 12 家出版社这次均有项目列选，这在全国是罕见的。

这种外溢效应将主要表现在四个方面：

---

① 这是 2006 年前后世纪集团的出书数据。

其一，大的出版工程将产生重大的、长久的社会和经济效益。因为凡是经过反复论证的重大出版项目，均是大批专家学者历经多年的辛勤劳动而创作出来的，其中有着丰富的文化含量和很高的文化价值。而这些项目在出版单位又经多位编辑、出版人员花费大量劳动的加工，获得品质的提升。同时，大的出版项目一般均会得到政府和社会力量的各项支持。所以项目出版后，肯定产生巨大的社会效益，大多数项目还会获得显著的经济效益，而且这种社会效益和经济效益的延续周期都比较长，有一些产品从此成为出版单位的看家书和常销书，成为出版领域的常青树。世纪集团这些年运作的《中华文化通志》《中国通史》《四库全书》《续修四库全书》及"敦煌文献"等可以为证，它们多是费时数载甚至一二十年才最终问世的，出版之后，无不获得巨大的社会效益和经济效益，很多项目连续多年都有数量不菲的销售量。

其二，大的出版工程将为集团在各个出版领域奠定坚实的地位。不论是出于学科的建设目的还是为显示出版实力，能组织并运作好大的出版工程对于出版者而言均是一项高难度的工作，轻易不可为。正因为如此，国内的很多出版社习惯于做"文化轻骑兵"，只出版一些可以成为流行话题的作品，并通过炒作，热闹一时，而随着风过云散，时过境迁，大多数情况下，这些作品在出版史上很难留下什么痕迹，这些出版社在出版产业的发展和文化建设方面也没有为后人留下多少精神财富。而世纪集团这些年能在经济学、历史学、文献整理、工具书、外国文学、科普等领域形成优势，正是通过组织实施一大批重大出版项目来实现的。

其三，大的出版工程将促进整个管理团队经营管理水平的提高。在组织、出版大项目的过程中，会遇到资金筹措、人员调度、质量监控、市场运作等方面的各种困难和大量复杂的问题，需要具备全方位的战略决策和执行能力才能化解这些矛盾。而为解决这些问题，各出版单位的管理人员必须通过学习，不断提高自身的能力，由此将促进这些单位经营管理水平的大幅度提升，从而显著提高集团及各单位的管理绩效。

其四，大的出版工程将造就一支高素质的出版队伍。大的出版项目一般都是出版周期长、问题多、难度高、参与人员广泛的工程，在运作这些项目的过程中，通过"干中学"，大批人才得到比较全面的培养和锻炼，由此将为集团造就一支精通新闻出版业务，熟悉现代传媒运营，能够准确把握市场发展趋势、参与图书市场竞争尤其是参与国际市场竞争的出版队伍，从而为整个集团未来持续、健康、稳定发展奠定良好的人才基础。

关于重大出版项目的组织

——以《十万个为什么》第六版为例

2013年，历经五年的筹备、编纂和编辑，由韩启德先生担任总主编的《十万个为什么》（以下简称"十万"）第六版18卷彩色图文本正式面世。当年的8月13日，在上海书展开幕的前一天，少年儿童出版社在上海锦江小礼堂举行第六版"十万"新书出版座谈会。

第六版"十万"精彩亮相后，引起广大读者的热烈关注，在当年上海书展上首发的3500套精装本被展会现场的读者抢购一空。此后，第六版"十万"的精装本、平装本、分册本、精选本等陆续在全国各大书店和网络书店上市销售，形成一波"十万"销售热潮。

第六版"十万"出版后，国内的维吾尔文版、哈萨克文版很快面世，同时版权陆续输出海外，先后出版了中国香港繁体字版、中国台湾繁体字版、越南文版、阿拉伯文版、马来语版（基础卷）等。

第六版"十万"先后荣获中国科普作家协会优秀科普作品奖金奖、国家新闻出版广电总局向全国青少年推荐百种优秀图书、科技部全国优秀科普作品奖榜首、第四届世界知识产权组织版权金奖（中国）、2017年上海市科技进步奖一等奖等数十项荣誉。

图1 《十万个为什么》第六版精装本

第六版"十万"出版十多年来，始终畅销不衰，深受读者欢迎，为中国科普事业的发展作出重要贡献。至2024年10月，仅第六版"十万"的精装本、平装本、分册本、校园版和精选本，就累计印行700多万册，销售码洋超过2.7亿元，创造了巨大的品牌价值和市场价值。

这里收录笔者在第六版"十万"启动大会和新书出版座谈会上代表出版方汇报的发言稿，简约呈现策划阶段的思考和编辑出版工作的情况，以此向这一文化品牌致敬，并祝已经启动的第七版"十万"编纂出版工作圆满成功。

在此，我要特别向第六版"十万"总主编韩启德院士、各位分卷主编以及780多位作者表示崇高的敬意；要向北京大学原校长陈佳洱院士表示衷心的感谢，作为少年儿童出版社的老朋友，他十分关心第六版"十万"的策划、组织和编辑出版工作，给予我们各种无私的帮助；要向上海世纪出版集团原党委书记、总裁陈昕先生表达特别的感激之情，他的鼎力支持，是第六版"十万"编辑出版工作得以有序开展和顺利完成的重要保证，"十万"的两次大会，他都担任主持，而我的两次会议发言稿，他在会议筹备期间都亲自审阅并作修改；要向编辑出版第六版"十万"时和我并肩战斗的王伟海（时任少年儿童出版社党委书记）、周晴（时任副总编辑，后任社长、总编辑）、洪星范（副总编辑，负责第六版"十万"编辑的日常组织管理工作）、张伟群（时任社长助理、出版科负责人）、岑建强（时任第六版"十万"编辑部主任）、王音（时任《少年科学》编辑部主任）、王沂（时任

总编办和国际部主任）、石玲凤（时任校对科负责人）、费嘉
（美术编辑，负责"十万"的设计统筹）、卞毓麟（社外专家
和作者）、方鸿辉（社外专家）等第六版"十万"编辑出版
团队成员表达由衷的谢意。

一、关于《十万个为什么》第六版筹备工作情况 *

这里，我借助《十万个为什么》的特色，通过回答三个
"为什么"，将筹备编纂出版第六版的主要工作情况作简要
陈述。

1. 为什么要编纂出版第六版《十万个为什么》？

1999 年出版的新世纪版即第五版至今已十多年，随
着 21 世纪以来现代科学技术的飞速发展，尤其是诸多新科
学领域取得巨大进展，《十万个为什么》原有体系和内容
在很多方面已显陈旧，在科学知识的广度和深度上迫切需
要内容更新。2011 年 4 月在上海召开的《十万个为什么》

---

* 2011 年 9 月 27 日在北京人民大会堂召开《十万个为什么》第六版启动大会，
笔者作为时任少年儿童出版社的社长、总编辑以及第六版"十万"的总策划，
代表少年儿童出版社向大会做汇报，这是当时的发言稿，收入本书时，略作
删节。

出版 50 周年座谈会上，与会专家和学者就着重指出了这一点。

从 2008 年以来，我们先后就青少年对《十万个为什么》的阅读需求，在上海多所中小学学生中进行了数千份问卷访问，今年我们又开展了"十万青少年问'十万个为什么'"的活动，同时还开通了微博和博客，通过对所收集数万份问卷的分析，发现孩子们所提出的大量问题都是全新且未得到很好解答的，这需要新的《十万个为什么》回答新问题，提供新内容。

现代出版技术的发展使得出版的样式发生了巨大变化，"读图时代"来临使得青少年读物的彩色图文编排广为流行，原先以文字为主的黑白版《十万个为什么》对他们的吸引力大为下降，因此，迫切需要在出版样式上跟上时代步伐，出版新的彩色图文本。

数字化时代的来临使《十万个为什么》这一以知识传播和传承为主要功能的读物面临巨大挑战，新《十万个为什么》要在概述各类科学技术知识的同时，努力构建多元的、开放性的体系架构，要在有效回答"为什么"的基础上，让青少年知道每个问题的解答都可能有多个不同路径，引导和启发他们深入思考更多的"为什么"，积极探索新的未知的科学世界。

最重要的一点，当前我国正在努力建设创新型国家，这对我国的科普出版提出了更高的目标，而国务院颁布的《全民科学素质行动计划纲要》又对提升青少年的科学素养提出了明确的任务。这些都要求我们努力提供大批既符合现代青少年需求，又适应中国国情的原创科普出版物。编纂出版新的《十万个为什么》，可谓恰逢其时。

2. 为什么要延请中国第一流的科学家主持编纂工作？

《十万个为什么》这一科普品牌的树立，与"大科学家写小文章"编纂机制的建立密不可分，它确保了《十万个为什么》的权威性和科学性。这也是时下国内某些地方一个普通作者就编写出的一整套《十万个为什么》所难以企及的。因此，延请中国第一流的科学家主持新《十万个为什么》的编纂工作，是我们继承这一优良传统、保持少年儿童出版社《十万个为什么》特色的应有之举。

现代科学技术发展可谓一日千里，在学科专业化不断强化的同时，各学科的交叉融合也是重要发展趋势，在各个研究领域，只有处于科研最前沿的科学家才能准确把握这一学科的研究进展。因此，由他们领衔编纂，可确保《十万个为什么》在知识体系上的完整性，在内容上的前沿性，回答未解之谜时的科学性。

我国已将国家科普能力建设作为建设创新型国家的一项基础性、战略性任务，它要求处于科研一线的科学家积极开展科研成果的社会普及活动。同时，我们看到，中国的一流科学家也一直关心科普工作，在科普著作的编纂出版和各类科普活动中发挥了巨大的作用。因此，我们延请科学家主持编纂《十万个为什么》，既是在贯彻国家战略，也是在一定意义上实现中国一流科学家回报国家和社会的心愿。

目前，在韩启德总主编的关心下，《十万个为什么》的编纂工作得到了中国科学院、中国工程院两院院士和众多科学家的热烈响应，现已有百余位中国科学院和中国工程院的院士高兴地接受了担任《十万个为什么》第六版编委的邀请，数十位中国第一流的科学家担纲分卷主编和副主编，同时还有一大批科普作家正积极投身新《十万个为什么》的编写，目的就是确保出版一套代表当代中国水准的、高质量的原创科普佳作。

3. 为什么要建立全新的分类体系？

目前，《十万个为什么》第六版设 18 个分卷，体系结构与分册设置与以往的版本有很大不同，这是在参酌海内外同类科普读物的基础上，听取了各方意见和建议后决定的，目的是处理好三个方面的关系。

一是基础学科与前沿领域的关系。《十万个为什么》涉及的每个知识门类近年都有很大的发展，对于每一卷的内容而言，都有一个基础知识与前沿内容的比例掌握问题。更重要的是，由于网络通信、低碳环保、基因工程、航空航天、新能源、新材料等科技领域的飞速发展，部分科学领域的内容必须单独设卷，方能囊括该领域的最新发展。因此，新《十万个为什么》在保留数理化等传统学科卷册的同时，增设了部分新卷。

二是学科体系与热点主题的关系。作为面向青少年的科普读物，在分册上必须保持一定的学科体系和学科卷册如数理化等学科。而当前社会的发展，使得科学技术领域又有很多主题性的内容成为大众关注的热点，如古生物、地震、火山、核危机、食品问题、心理问题等等。为此，新《十万个为什么》特地选择了部分社会大众关注的热点，单独设卷，以回应读者的阅读需求。

三是普及科学知识与响应国家战略的关系。新《十万个为什么》的使命是向广大青少年读者普及科学知识、传播科学精神，卷册的设置必须具有一定的知识体系性和完整性，这有助于提升青少年的整体科学素养，而国家战略又要求我们强化和突出部分知识内容，为此，新《十万个为什么》也将部分内容如海洋等单独设卷，以便呼应国家战略，突出时代的要求。

目前《十万个为什么》第六版的编纂工作正在紧锣密鼓地开展，各分卷的编纂工作会议将陆续召开，10月12日将在上海首先召开《天文》分册的编纂会议。我坚信，有中央各部委，上海市委、市政府和宣传部的大力支持，有百位两院院士的指导，在总主编和各位主编的领导下，通过科学家和广大科普作家的勤奋工作，从2013年起，总计360万字、5000余幅图片，共18卷的16开全彩色图文本《十万个为什么》，以及黑白普及本、网络电子版等将陆续面世，同时还将形成一个永远在线永远工作的网络平台和一支包括作者、编辑在内的宏大的科普队伍。第六版《十万个为什么》将以全新的问题、全新的体系、全新的内容、全新的样式，以及数字化时代全新的技术手段，再现《十万个为什么》每一版都曾有的辉煌，掀起中国科普出版和科学普及的又一个高潮。

二、关于《十万个为什么》第六版编纂出版情况 *

作为《十万个为什么》第六版项目规划和实施的具体负责人，在本书正式出版发行之际，我在此简要陈述出版社所做的编纂出版工作。

众所周知，重大出版工程的完成向来是"三分编写，七分组织"，新版"十万"作为一项通过动员全国力量而完成的重大出版工程，需要出版人进行高效的项目组织工作。

1. 项目规划

在项目规划上，我们紧密结合全球科技发展趋势、时代特点和中国国情，做了周密的筹划和准备。

2008 年，我们通过在上海中小学中所做的数千份问卷调查，了解青少年读者对老版"十万"的评价和对新版"十万"的阅读需求。2011 年，通过举办"十万青少年问'十万个为什么'"的活动，从广大青少年中征集了 3 万多个问题，并和上海师范大学合作，对所收集的问题进行分

＊ 2013 年 8 月 13 日在上海锦江小礼堂举行《十万个为什么》第六版出版座谈会，笔者作为第六版"十万"出版工作委员会主任，就第六版"十万"的有关编辑出版工作向大会做汇报，这是当时的发言稿，收入本书时，略作删节。

析，了解新版"十万"必须关注的方向。

我们结合当代中国教育的实际情况，通过对青少年知识结构和阅读需求的多方调研，广泛听取专家学者的建议，把握当下全球科技发展的趋势、社会大众长期关注的热点和国家的战略需求，为新版"十万"设置了三大类共 18 卷的体系结构。其中，基础卷力求向广大青少年提供完整的基础知识体系，专题卷意在充分展现当今世界最新的科技发现与发明，热点卷着重关注全球科技前沿的发展趋势。

2010 年该项目列入"十二五"国家重点出版规划，并获得 2013 年度国家出版基金的资助扶持。

2. 项目组织

在项目组织上，我们创新组织方式，动员各方力量，努力打造中国一流的原创科普精品。

通过总主编的指导延请一大批中国一流科学家担任各分卷主编，动员老中青三代科学家和科普作家参与新版"十万"的编纂工作，通过 150 多场编纂会议，吸引了海内外 700 多位专家学者尤其是科研一线科学家热情参与编写，确保了新版"十万"内容的前沿性、科学性、独特性。

我们组织全社力量，动员 20 多位编辑和出版校对人员组成"十万"专职编辑出版团队，三年间他们心无旁骛地全身心投入，使新版内容严谨、通俗易懂、生动有趣，确保了编辑工作的质量。同时，我们乘出版改革的东风，动员集团内上海人民出版社、上海科学技术出版社、上海教育出版社、上海辞书出版社、上海科技教育出版社的 20 多位编辑，参加新版"十万"的审稿和审读工作，极大增强了新版的专业编辑力量。项目实施中，全集团参加编辑、审稿、定稿和出版工作的人员达到 70 多人。

我们搜集海内外各方资料，形成包含 5 万多个问题的问题库，优选更新，填补空白，并遵循基础、前沿、关键、战略的原则设置每卷的结构和问题，确保新版问题的新颖性、有效性、开放性。我们通过"十万"的博客、微博和在线网站，并和果壳网合作听取读者的提问，与数字时代的读者广泛沟通。我们通过与百度合作，吸引近 60 万网友参加新版108 条问题的答案征集活动，借此探索网络时代知识传播的途径，大大增加了我们对新版"十万"前沿性、权威性、可靠性的信心。

3. 项目管理

在项目管理中，我们严格遵循出版规律，强化精细管理，稳步推进工作，确保新版"十万"的高质量、高标准。

我们通过每月一次的"十万"工作例会，通报各卷的进展，协调解决问题，确保项目的进度严格按照计划执行。

我们制定项目管理手册，颁发稿件编纂体例和编辑规范要求，严格执行稿件的三审三校和总决审，反复修改打磨每一篇文稿；将全书所有文本送到中国知网进行查重检查，对全套书内容相关条目及内容进行核查统一，开展年代、地名、数字、专业名词、小栏目等多项专项检查；增加科学家审读、外聘资深编审审读、付型前编校质量检查和责任校对检查，使每一卷的编校检查达到 8 次以上，确保全书的编校质量。

我们与世界知名图库和国内重要图库合作，确保每一幅图片的版权和权威性、准确性。

我们延请沪上知名设计师精心设计，与排版公司紧密合作，确保全书以精美的样式呈现。我们与三家著名的印刷企业合作，确保全书的印刷和装订质量。最终，全套书以完美的面貌呈现在世人的面前。

以上就是第六版"十万"编纂出版的情况。

中国图书出版产业的
行业成长性分析*

　　自 1978 年改革开放以来，中国的图书出版产业虽然在发展中有波折，但总的趋势犹如中国这 30 多年来的国民经济一样，保持着长期的持续增长。尤其是自 2003 年中央大力推进文化体制改革后，中国的图书出版产业更是发生了翻天覆地的变化，出版产业的规模不断扩大，市场化进程不断加快，产业的基本结构不断改善，市场竞争日趋激烈。

　　按照陈昕先生的研究 [①]，1978 年改革开放以来中国图书

---

*　本文以《我国图书出版产业成长性分析》为题，刊《出版参考》2010 年第 8 期；以《粗放式发展已到尽头》为题，刊《出版商务周报》2010 年 7 月 11 日。这是 2010 年笔者的 EMBA 硕士论文《中国图书出版产业的竞争结构与竞争趋势研究》(论文指导老师为复旦大学管理学院的芮明杰教授) 的第二章。收入本书时，作了适当删减。

① 陈昕：《中国出版产业发展阶段研究（1978—2005）》，载陈昕：《出版产业论稿》，复旦大学出版社 2006 年版。

出版产业，其发展历程大致可以分为三个发展阶段：1978—1985 年是中国图书出版产业超常规增长阶段，1986—1994 年是中国图书出版产业的调整和徘徊阶段，1995 年起中国图书出版产业处于新的增长阶段。他的这一分期观点在业界得到比较广泛的认同。

当然，对于 1995 年以来中国出版业尤其是近年中国出版产业的发展趋势，业界也有不同的意见。如上海著名出版家巢峰先生在此之前就曾发表"滞胀论"的观点 [1]，这一观点也得到部分专家和业界人士的支持。

2008 年国际金融危机发生后，中国的图书出版产业虽然外表凯歌高奏，但是内部各种长期累积的问题爆发，行业的成长性颇受打击，整个产业的发展方向有待重新探讨。

这里根据出版业历年的数据，从产业规模、产品结构、增长方式、产销对比四个方面，对中国出版产业的行业成长性进行分析，研究其中存在的主要问题，判断未来的发展趋势，厘清产业的发展方向。

---

[1] 巢峰：《中国图书出版业的滞胀现象——兼论出版改革的症结所在》，《中华读书报》2005 年 1 月 26 日。

一、产业规模

从出版物的总量来看，中国图书出版产业近年来发展迅速。2008 年中国出版图书品种达 275668 种，其中新版图书 149988 种，重版、重印图书 125680 种，总印张为 560.73 亿印张，总印数为 69.36 亿册（张），定价总金额（造货总码洋）达 791.43 亿元。与上年相比图书品种增长 11.03%，新版图书品种增长 10.1%，重版、重印图书品种增长 12.16%，总印数增长 10.21%，总印张增长 15.26%，定价总金额增长 16.95%。年度图书纯销售 67.09 亿册（张）、539.65 亿元；年末库存 51.08 亿册（张）、672.45 亿元。[①] 2009 年，虽受到国际金融危机的不利影响，但中国的图书出版产业仍保持了快速增长，初步统计，全年出版图书 27.57 万种，图书销售增长 20% 左右。[②] 就出版总量和销售的整体规模而言，中国已经毫无疑义地进入了全球出版大国行列。

同时，从当前中国主要的出版力量——出版集团的发展状况来看，中国出版业的产业规模也在迅速增长，主要的出

---

① 新闻出版总署计划财务司：《2008 年全国新闻出版业基本情况》。
② 柳斌杰：《改革创新 科学发展 大力推动我国向新闻出版强国迈进》，《中国出版》2010 年第 3 期。

版集团均具有较强的经济实力。随着 2003 年开始的文化体制改革的不断深化，加上中央积极推动出版业"双百亿"（销售收入和资产规模）集团的建设，各地的出版集团借助转企改制之机，大力拓展各项业务，纷纷走上业务多元化发展道路，大举进军房地产、金融、医药、贸易、旅游等领域。在此过程中，这些集团的资产规模和销售收入快速增长，企业的规模迅速膨胀，出版业已经出现进入中国国内 500 强之列的企业。根据行业媒体的调查[①]，2009 年，中国主要的出版集团销售收入和资产规模再次保持了较快的增长，它们的整体实力强大，虽然多数集团的业务涵盖了图书报刊出版、发行、印刷、房地产、金融等庞杂的内容，但这一数据毕竟从一个侧面反映了当前中国图书出版产业的规模。

二、产品结构

虽然说从出版规模上看，中国已经是全球出版大国和强国，从资产和销售规模来看，中国的出版企业也有较为雄厚的实力，但是从产业的内部结构来看，中国图书出版产业还

---

① 程华：《出版集团排排座》，《出版商务周报》2010 年 4 月 11 日。

存在诸多问题。

　　现代出版业属于服务经济的一个部分，根据其受众的需求和自身所发挥的功能，现代出版业大致可以区分为大众出版、教育出版、专业出版三大板块。现代出版业发展到今天，其成熟阶段的特征和结构可以美国、英国等发达国家的出版业为代表，其明显的特征就是在业务扩张和经济支撑上对于教育出版的依赖程度显著降低；而大众出版高度发达，出版业的娱乐功能被充分发掘出来；同时以提升职业、发展科技、研究学术等为目标市场的专业图书出版蓬勃发展。在英国本土，2004 年，出版的价值构成中，大众消费类图书占 65%，教育出版（学校教科书和外语教学）占 25%，学术和专业图书（包括高等教育）占 10%。[①] 而在美国，20 世纪 90 年代，大众出版占 45%，教育出版占 27%，专业出版占 27%。[②]

　　按照上述标准来衡量，中国的图书出版产业就出版大的板块而论，其目前的发展尚处于初级阶段，与发达国家的出版业还存在巨大的差距。以 2008 年的数据为例，在中国图书出版产业 791 亿元产值中，大中专教材和中小学课本、教

---

① ［英］保罗·理查森（Paul Richardson）：《英国出版业》，世界图书出版公司 2006 年版，第 48 页。
② 程三国：《理解现代出版业》，《中国图书商报》2002 年 10 月 11 日。

参就占 273 亿元，再加上 150 多亿元的中小学教辅及其他教育方面的辅助产品，整个教育出版在全年图书总产值中超过 50%，文学图书、儿童图书、社科人文等大众读物的产值所占份额不到 40%，科技、财经、法律、医学等专业出版物的生产总值只占 10% 左右。[①]

改革开放以来，中国的大众出版迅速发展，出版业对于教育出版的依赖程度在不断降低，中国图书出版产业的基本结构正日益成熟。但是根据笔者在行业内的经验和知晓的多家出版社情况，出版业的经济支撑力量和利润的主要来源仍旧是教育出版尤其是中小学的教材教辅，除了为数不多的几家出版集团之外，绝大多数集团近年的图书出版业务中，教材教辅的总量占其出版总价值都在 70% 以上，最多的接近 90%。这里以某省出版集团 2004 年度财务报表中销售收入的构成为例，可见教材教辅对于这些出版社的重要性有多大（见表1）。

由表 1 反映的情况可知，该集团和所属出版社的利润来源一定是教材教辅，仅靠一般图书业务肯定不能维持生计，这也是当下中国图书出版产业的基本状况。还有一个书

---

① 新闻出版总署计划财务司：《2008 年全国新闻出版业基本情况》。

表 1　某省出版集团 2004 年度销售收入结构表

	一般图书 （万元）	教辅 （万元）	教材 （万元）	合计 （万元）	教材比重 （%）
人民社	726	1562	5009	7297	68.64
美术社	718	496	2400	3614	66.41
文艺社	713	922	946	2581	36.65
科技社	778	313	1194	2285	52.25
少儿社	1209	324	6034	7567	79.74
教育社	371	3526	6567	10464	62.76
出版总社			32702	32702	100.00
合计	4515	7143	54852	66510	82.47

　　资料来源：史东辉、王利明、董宝生《中国图书出版业的产业组织分析》，广西人民出版社 2008 年版，第 270 页。

业例证可以说明此点，以出版学术文化图书为主要业务的读书·新知·生活三联书店在学术文化界赫赫有名，2009 年，该社的图书业务继续亏损，依靠报刊的收入和利润才得以完成经济指标。①

　　不仅如此，在中国的图书零售市场上，教材教辅（主要是教辅，因为教材进入零售监控的情况并不太多）所占比例也很高。自北京开卷 1998 年开始跟踪中国图书零售市场并建立完整的监控数据以来，教材教辅类图书所占零售市场码

---

① 《以增收节支为中心加强经营工作——三联增收节支会议总经理讲话》（2010 年 3 月 4 日），引自 http://www.douban.com/group/topic/10357864/。

洋份额一直在 20% 左右，而且在多数年份，教材教辅类在中国图书零售市场的各个一级市场中都是份额最大的类别。不仅如此，因为教材教辅的单册价格比较低，其零售册数所占比重更高，2008 年就占了 32%（见表 2）。这类读物在零售市场上所占比重过高，既反映了中国出版业的发展还处于比较低的水平，也导致这类读物所占用的人力物力和市场资源过多，从而影响中国出版业的发展进程和产业转型速度。

中国图书出版产业结构上存在的问题不仅仅在于深度依赖教材教辅，专业出版的发展缓慢也是一大症结。专业出版

表 2　2008 年各一级分类市场所占码洋比重、册数比重、动销品种比重

一级市场	码洋比重（%）	码洋比重同比变化（百分点）	动销品种比重（%）	动销品种比重同比变化（百分点）	册数比重（%）	册数比重同比变化（百分点）
社科	21.26	−1.96	22.86	0.11	15.3	−2.71
教材教辅	20.17	0.9	21.6	−0.29	32.3	0.39
语言	10.19	0.19	6.34	0.01	7.74	0.12
文艺	15.65	0.65	15.87	−0.35	12.24	0.66
科技	13.12	−0.74	20.24	0.27	7.76	−0.09
少儿	11.61	0.35	7.33	0.27	17.51	1.07
生活休闲	7.92	0.61	5.69	−0.01	7.14	0.56
综合图书	0.08	0.01	0.06	−0.01	0.01	
总体	100				100	

资料来源：北京开卷信息技术有限公司《中国图书零售市场年报 2009》。

包括科技、医学、财经、法律和学术文化出版，在发达国家，是现代出版的重要组成部分，而且在这一市场中涌现了如励德·爱思唯尔、威科、施普林格、约翰·威利等多家实力雄厚的国际出版巨头。但是在目前的中国出版业中，业界一般所谓的专业出版物要么属于研究性教材，要么是打着专业图书旗号的大众读物，真正属于严格意义上专业出版的出版物还是十分稀缺的。其中的部分缘由在于，一方面内容资源的供给严重不足，质量一流的科研成果尤其是科技方面的论著相当一部分已被国际上的出版巨头吸纳并在海外出版英文版等版本，另一方面国内专业图书的市场不振，销售疲软，出版社出于经济方面的考虑而不愿意涉足。这种状况与中国正积极推进的创新战略严重相悖，有待出版业界在今后认真采取措施，努力加以改进。

三、持续增长

从 1978 年至今（2010 年），中国图书出版产业始终处于规模扩张进程中，其间，出书总品种、新书出版数量、总印张、总定价等指标有过波折，但总体上保持增长态势。

从出版品种来看，出书种数和新出图书种数持续较快增长，新书年出已经超过 15 万种，名列世界前茅，其中有大量精品力作，但也有不少粗制滥造之作，这从一个侧面反映了中国图书出版产业的活跃程度（见图 1）。

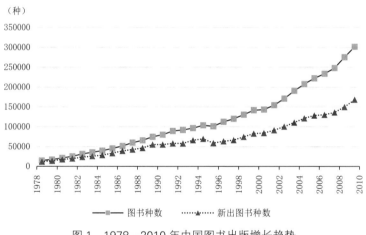

（种）

图 1　1978—2010 年中国图书出版增长趋势

从图书种数、新出图书种数、总印数、总印张、定价总金额五项的增长率指标来看，1998 年之前，这些指标尤其是定价总金额增长率的波动特别剧烈，各项指标的走势显得散乱，而自此之后，这几项指标已呈现出明显的同步性。一个显著的特点是，反映中国图书出版产业发展趋势的这五项指标在大体同步的同时，在向 10% 以下发展（2008 年的定价总金额和总印张增长有特殊原因，见后文）。而且，反映出版发展规模和人均图书册数的指标——总印数，始终没有大的突破性增长，其增长率在各项指标中基本处于最低位，甚至为负。每年的图书出版种数不断扩张，单品种印数持续下跌，出版产业的增长动力来源于印张价格上升和单册印张增加。其中有一些合理的因素，但值得担忧的问题更多。（见图 2）

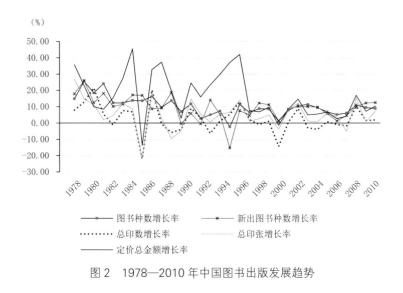

图 2 1978—2010 年中国图书出版发展趋势

四、产销失衡

这里，我们将最近 10 多年来中国的图书定价总金额

（造货总码洋）、开卷监控的图书零售市场销售码洋、年度的行业纯销售金额和年末库存总金额进行比较，就可以看出整个行业产销方面存在的问题。

首先就 2008 年的造货数据作一说明。2008 年出版业的图书造货总量大幅增长，主要原因有二：一是 2007 年开始全国大规模实施农家书屋建设工程，计划在"十一五"期间建设 20 万个点，最终目标是要覆盖 64 万个行政村，每村一个，每个点配备图书不少于 1500 册。这一工程正式启动后，给全国各地的出版单位带来一次巨大的政府买单机会，促使近两年的图书造货规模大幅度扩张。另外一个原因是 2007 年开始，政府管理部门有意无意地放开并鼓励出版单位与民营文化公司合作出版图书，原先这部分图书的品种在相关行政部门进行年度统计时大多不会遗漏，但是印数、码洋绝大部分难以计入，而在政策显示出宽松态势后，出版单位就采用收编的方式，将这部分出版力量纳入正规出版大军，它们所出版的图书也被顺利统计进入年度数据，由此导致 2008 年的出版定价总金额的暴涨。

至于库存的快速增长，有民营文化公司的出书数据合并进入体制内出版单位的因素，更在于近两年中国的图书零售市场销售并不十分景气，退货急剧上升，退货率一般在 25%

到 30% 左右，库存的居高不下乃理所当然。

从图 3 可以看出，中国的图书市场仍处于扩张进程中，因为生产规模继续扩大，行业年销售不论是开卷监控的图书零售市场销售码洋还是政府统计的年度行业纯销售金额都在继续增长。但是图书市场总体的发展趋势是增长正逐步放缓，因为年造货的增长速度逐年在下降（2008 年的大增有特殊原因），所以市场纯销售金额的增长速度也在不断下降。尤其值得关注的是开卷公司对全国图书零售市场的监控数据，因为，最近 10 年来，除了 2003 年（"非典"的不利影响造成书业销售增长减速，年度增速只有 4.3%）和 2005

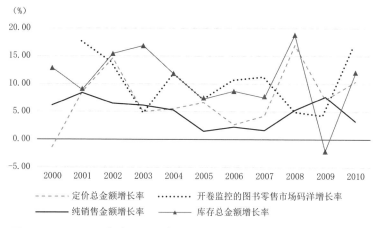

图 3　2000—2010 年中国图书出版产业年造货、销售、库存的增长趋势

资料来源：北京开卷信息技术有限公司《中国图书零售市场年报》；《中国出版年鉴》；新闻出版总署计财司《全国新闻出版业基本情况》。

年外，2000 年至 2007 年的其他几年书业销售的年增速都在 10% 以上，但是 2008 年增速开始下降到 4.44%，到 2009 年进一步下降到 4.21%，大大低于年度 GDP 的增速（8.7%）[①]，而图书库存总金额增长的速度 10 年来始终大大高于年度造货码洋和行业纯销售金额增长的速度。

关于库存不断增长的问题，需要进行细致分析。在中国出版产业的产品结构中，中小学的教材，包括一部分的高校主干教材，属于市场情况已知的刚性需求，基本上不会产生什么库存。库存主要产生自教材之外的出版物，它与开卷公司所监控的零售市场密切相关，库存的持续快速上涨表明图书行业市场化运营的这部分业务产能过剩，销售乏力。而各地的出版集团和出版社为了在单品种平均印数、单品种销售册数下降的状况下继续保持增长，不得不大量增加新书出版的品种数，结果则是新书出得越来越多，虽然总印数没有大的增长，但随着书业退货率的有升无降，加上一些书因为书店不接受，印制好以后根本就没有从仓库发到书店，真正在市场上实现销售的图书总册数远小于年度的图书

---

① 国家统计局：《中华人民共和国 2009 年国民经济和社会发展统计公报》，引自 http://www.stats.gov.cn/tjgb/ndtjgb/qgndtjgb/t20100225_402622945.htm。

总印数。同时，中国的相关税收政策和出版业国有资产的监管部门对出版社报废处理库存设置了各种限制，出版单位也会因处理库存而无法完成其经济指标（主要是利润指标），这使得每年真正被报废处理的图书总量与整个库存增加量相比显得微不足道。由此必然导致年末的图书库存越来越大，而一般图书在报表上显示的所谓利润一大部分都沉淀在难以实现销售的存货中。库存的居高不下和不断增长已经使得相当一部分出版单位的经营状况日益艰难，如果没有教材来支撑或其他业务利润来弥补，很多出版社已难以继续维持运营。由此可见，中国图书出版产业的发展前景并不十分乐观。

当然还是有一点是值得可喜的，因为开卷公司监控的全国图书零售市场的销售规模还在不断地增长，所占年度行业图书纯销售金额的比重也在逐步上升。这表明中国图书出版产业的市场化程度在加强，出版产业对于教育图书的依赖在缓慢减弱。因为开卷公司监控的零售市场上教辅读物所占比例大约在 20%，此外的绝大部分动销产品属于大众、专业图书，这一市场的增长表明中国出版产业在结构上有了一定的改善。当然，在整体上，教育出版仍是带动中国出版业增长的主导力量，尤其是在高等教育和职业教育方面。

五、小结

通过对中国图书出版产业行业成长性的分析，我们可以看到，当前中国图书出版产业的规模在不断扩张，主要出版集团和一些大社名社的实力显著增强，行业的经济支撑虽然仍主要依赖教材教辅，但是书业的市场化程度在不断加强，中国图书出版产业正稳步改善内在素质，不断提升发展水平，渐次脱离其初级发展阶段，努力爬坡，向上前行。

同时，通过对出版产业行业成长趋势的分析，我们也应看到，中国图书出版产业的增长势头正在逐步放缓，产销严重失衡，产品库存积压严重。这种局面已经清楚地表明，中国图书出版产业多年来采用的粗放式发展路径已经走到尽头，而以大量浪费资源和污染环境（纸张来自木材，造纸是用水大户和污染大户）为代价，来支撑书业盲目扩张的发展模式，既不符合当前全球对于发展低碳经济和加强环境保护的要求，也与中国图书出版产业保持持续健康稳定发展的要求相悖。

因此，切实转变发展方式、推进出版业的产业转型已经是中国图书出版产业亟待探索和解决的重大问题。

中国图书出版产业的行业
竞争结构分析*

　　本文运用迈克尔·波特教授关于驱动产业竞争的"五种竞争作用力"（"五力模型"）的分析框架，对中国图书出版产业的行业竞争结构进行分析，并对行业的竞争力度和竞争趋势做出评估，在此基础上，探讨数字化时代出版产业构建长期竞争优势的可能路径。

---

* 本文以《中国图书出版业的行业竞争结构分析》为题，刊《编辑学刊》2007 年第 1 期，中国人民大学复印报刊资料《出版工作》2007 年第 4 期转载。后做较大补充和修改，收入笔者的 EMBA 硕士论文《中国图书出版产业的竞争结构与竞争趋势研究》，作为该文的第三章。关于替代品的状况，部分内容以《数字化与出版新业态》为题，刊《编辑学刊》2011 年第 1 期。收入本书时，略作删减。

一、五种竞争作用力模型

波特教授在《竞争战略》一书中提出，一个产业内部的竞争状态取决于五种基本竞争作用力（见图1），包括进入威胁、替代威胁、买方议价能力、供方议价能力、现有竞争对手的竞争，这五种竞争作用力共同决定着该产业的最终利润潜力。

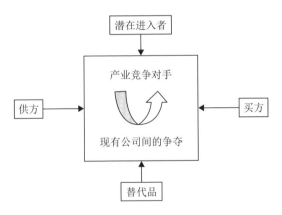

图1　驱动产业竞争的力量

对于这五种竞争作用力，波特教授做了详细的分析，这里结合他在《竞争优势》一书中的阐释，简要概述如下 [1]：

关于进入威胁，其大小取决于进入壁垒和可能遇到的现

①　关于五种竞争作用力的描述，见〔美〕迈克尔·波特：《竞争战略》，华夏出版社2005年版，第3—31页；《竞争优势》，华夏出版社2005年版，第6页。

存守成者的报复。这些壁垒包括规模经济、产品差异化、商标专有性、资本需求、转换成本、分销渠道、绝对成本优势、政府政策、预期的报复等。

关于现有竞争对手间的争夺，其竞争的激烈程度是大量结构上的因素相互作用的结果。在势均力敌、产业增长缓慢、高固定成本或高库存成本、差异化或转换成本欠缺、周期性生产过剩、竞争者大幅度扩张等情况下都会增加竞争的激烈程度。如果退出壁垒很高，也会使一个公司在收益甚少甚至为负的情况下仍然维持在该产业中的竞争。

至于替代产品，指的是那些能够实现本产业产品同种功能的其他产品。一般来说，替代品具有改善产品性价比从而排挤原产业产品的趋势。在这里，替代品的相对价格表现、转换成本、客户对替代品的使用倾向等是决定替代品威胁有多大的重要衡量指标。

在买方议价能力方面，波特指出买方的产业竞争手段是压低价格、要求较高的产品质量或索取更多的服务项目，并且从竞争者彼此对立的状态中获利。买方的议价能力强弱取决于买方的集中度相对于企业的集中程度、买方数量、买方购买数量等。在相对于卖方销售量中买方是大批量集中购买、买方转换成本相对企业转换成本低、能够采取后向整合、产品对买方产品的质量及服务无重大影响、购买者能掌握充分的信息等情况下，买方砍价能力就会增强。

在供方议价能力方面，供方可能通过提价、降低产品或服务质量的威胁来向某个产业中的企业施加压力。供方实力的强弱是与买方实力相互消长的。供方的议价能力要想很强，则必须具备以下条件：供方产业由几个公司支配，且其集中化的程度比买方产业高；供方在向某产业销售时不必与替代产品竞争；该产业并非供方的主要客户；供方产品是买方业务的主要投入品；供方的产品已经差异化或已建立起转换成本，买方面对的产品差异化或转换成本消除了它们利用供方矛盾的可能性；供方表现出前向整合的现实威胁等。

此外，政府作为买方或供方，能够通过其实行的政策影响产业竞争。政府的规定也可限制供方或买方的行为。政府还可能通过法规、补贴或其他方法影响产业相对于替代品的处境，可以通过法规对产业成长速度和产业成本结构施加影响，从而使竞争者之间的争夺激烈程度发生变化。

本文运用波特的五种竞争作用力的模型，对中国图书出版产业的行业竞争结构进行分析。关于中国图书出版产业的五种竞争力量，本文的定义如下：行业内的竞争主要指国内现有出版集团、出版社之间的竞争；而将作者、纸张供应商、印刷企业等图书出版的前项环节供方视为图书出版业的供应商；将新华书店、民营书店、网上书店等视为购买者；将互联网出版等，甚至电视、广播等其他媒体产品视为图书的替代品；至于潜在的进入者则指那些有可能进入图书出版业的投资者，其中也包括外国出版商和国内现存的大量从事图书策划出版的文化工作室。

二、行业内竞争状况

自 20 世纪 90 年代中后期开始，以广播、电影、电视、报纸、出版等为主体的中国文化产业，在中央和地方各级政府的大力推动下，迅速进入集团化和市场化进程中。2003 年中央大力推进文化体制改革后，集团化和改制潮流蓬勃兴起，全国各地的出版单位陆续完成集团化建设，成立了 20 多家出版集团，并有多家出版集团进入资本市场，成为上市公司。

就中国图书出版产业的行业竞争状况而言，虽然中国大力推进出版集团化，但是出版业的分散局面并未得到彻底改变。即便未放开民营、外资正式进入图书出版产业，在微观层面，原子型、同质化的竞争也已极其激烈。

　　发达国家的图书出版产业集中度可以作为我们分析问题的一个重要参考指标。如美国，共有 6 万多家大大小小出版社，2005 年，大众出版市场上排名前 10 位的公司占有率为 63%，基础教育图书市场上排名前 4 位的公司占有率为 70%，高等教育图书市场上排名前 3 位的公司占有率为 80%；[①] 在英国，教育出版市场上排名前 5 位的公司占有率为 67%，大众图书市场上排名前 10 位的公司占有率为 62%。[②] 至于专业出版市场，不仅是在美国、英国，放眼全球，这一市场基本上已被汤姆森公司、励德·爱思唯尔、威科、施普林格、约翰·威利等几家大集团所占据。

　　就中国图书出版产业的行业集中度来看，整体上集中度很低，出版产业的分散程度和规模不经济十分明显。据《中国图书商报》记者的不完全统计，2005 年，573 家出版社中，单体最大的出版社高等教育出版社年销售码洋为 23.5 亿元，年销售码洋超过 1 亿元的出版社有 89 家（按：应为 90 家）。其中，销售码洋在 5 亿元到 10 亿元之间的有 13 家。17 家出版社销售码洋在 3 亿元到 5 亿元之间。20 家出版社

①　Jing King：《2005 年美国书业形势尚好》，《出版商务周报》2006 年 2 月 26 日。
② 　［英］保罗·理查森（Paul Richardson）：《2005 年英国书业总体良好》，《出版商务周报》2006 年 2 月 26 日。

码洋在 2 亿元到 3 亿元之间。而 1 亿元到 2 亿元之间的出版社达 30 多家。其中以教育出版为主要板块的出版社为 40 家，以各种专业图书出版为主的出版社为 28 家，以大众类图书为主要出版业务的出版社为 22 家。[①] 从产业内的结构来看，教育出版中除了高等教育图书集中度高外，普通教育图书市场分布状态犹如满天星斗，全国各地的教育出版社大多主要通过租型方式获得教材的出版销售权，从而拥有一定的市场份额，单体最大的普通教育类图书出版社年销售码洋也就 15 亿元左右。大众图书市场更是极度分散，市场领先者的规模很少超过 5 亿元的。专业图书市场结构稍佳，法律出版集中于法律出版社等少数几家出版社，医学图书市场上前 4 家出版社的市场份额达 44% 左右，至于科技和财经出版则整体上相对分散，但在计算机、建筑图书领域有一定的集中度。

中国出版业集团化进程基本完成后，行业集中度不高的问题仍然存在，而且还造成了更加落后的、与市场经济发展要求背道而驰的地域割据。根据开卷公司 2005、2006、2007、2008 年的中国图书零售市场年报：2005 年中国图书

---

① 刘颖、钱秀中、刘观涛、邹昱琴等：《谁是出版业中的前 20%——2005 年出版社销售码洋调查》，《中国图书商报》2006 年 3 月 17 日。

零售市场上，前4名出版集团的市场占有率为15.5%，前8名的占有率为22.52%；2006年，前4名出版集团的市场占有率为14.84%，前8名的占有率为21.66%；2007年，前4名出版集团的市场占有率为15.32%，前8名的占有率为22.11%；2008年，前4名出版集团的市场占有率为15.41%，前8名的占有率为23.2%。换一个角度，从出版单位的生产能力来看，2006年，名列全年造货码洋前4名的出版集团和出版大社占中国年度出版总码洋的14.9%，前8名占有率为24.96%。不仅如此，由于中国出版产业的集团化进程主要是以省域内现有资源的集中来完成的，集团化之后，大多数省基本上只有一个集团，它大大减少了市场上竞争者的数量，迅速造就了行业、地域的垄断，严重削弱了竞争，限制了对市场的开发和拓展。集团化严重约束了产业集群内部的分工与竞争，集团化取得的经营优势只是建立在行政垄断之上的。当初，各地大力推进出版集团组建工作时，提出的目标是应对中国加入WTO后海外传媒巨头对中国出版业的挑战，但是成立集团后的实际状况背离了集团化的初衷。集团化的初衷是希望以内部整合来促进各类功能性业务平台的建立，以深化改革来建立完善的市场主体，以集中力量拓展各类新兴业务来完成产业的转型。但是，由于地方利益关系，各地看重的往往是眼前的现实利益，而放弃眼前的现实利益就等于要部分相对落后地区的出版产业全面衰退，或者是这些地方的政府丧失对相关产业的支配地位，而这在当地的政府和行业人士心目中，是绝对不能接受的。

在退出障碍方面，中国目前尚无出版社因为市场原因而退出的情形，只有极少数出版社因为违法违规而被勒令关门，而这样的出版社几年才会出现一个。当然，出版社要退出市场或者自行清算注销也很难。根据中国书刊发行业协会非国有书业工作委员会 2006 年的观察报告，有专家调查国内几十家出版社后，称其中 70% 的出版社实际上已资不抵债。[①] 实际情况也许不会如此严重，但是反映了现阶段出版社所处的困窘状态。只是因为现有的出版社都是国有单位，身负各种政治、社会、文化方面的职责，即便濒临破产或实际上已经破产，也无法退出市场，最终还会由主管部门直接或间接来拯救。

在企业利益取向上，因为图书具有文化产品和商品的双重属性，加上中国各地出版社在结构上的雷同和重叠，大家的利益取向差异不大，只是在市场化程度上有所差异。现有

---

① 中国书刊发行业协会非国有书业工作委员会：《中国书业：产业困境与整合之路》，2006 年"非工委"产业观察报告。

出版集团和出版社在利益上的冲突主要体现在对既得利益的分配上，尤其是各省市的出版社均既希望保护本地的既得利益，又想抢夺外省市的市场，而部委所属及部分大学出版社则依托主管部门的行政力量，全力抢夺所属行业的各种教材和相关学术文化资源，阻击和驱逐其他市场竞争者。这造成中国图书市场的地域、行业的分割和零碎化，大流通、大市场的格局短期很难形成。

在产品差异化方面，由于中国的出版集团化进程是通过整合各省地域内的出版社而展开的，因此全国各地的出版集团在业务上高度同质化，大家都以中小学教育图书的出版业务为主，同时又都有大量的大众出版业务和部分专业出版内容，各集团在产品上的差异性并不明显。全国 579 家出版社，除了少数专业化程度较高外，在开卷公司监控的全国 10 个一级细分图书市场上，一般出版社均会涉足 3 个以上，从而各主要细分市场上产品高度同质化，加剧了竞争的强度。

在品牌认同度上，只有北京、上海的一些出版社和其他省市的少数出版单位具有一定的品牌效应，而这些出版社总数不超过 50 家，全国其他 500 多家出版社在品牌知名度和认同度上差不多处于同一水平，销售商和读者对于这些出版社只认单个产品，而不认出版社的品牌。

由此可见，中国的图书市场在宏观层面竞争程度不高，因为参与竞争的出版单位数量还很有限，但是微观层面竞争极其惨烈。各出版集团和出版企业要赢得并巩固长期的竞争优势还需要经过一个比较长的过程。

三、买方的状况

以书店形态存在的各类销售渠道是中国图书出版产业的下游和最主要的买方，它们的发展状况对于整个图书出版产业的发展都有着根本的制约作用。当前中国图书出版产业的销售渠道虽有国有、民营、外资之分，但实际上诸侯割据，缺少全国性的大中盘，行业内部竞争极其激烈，中小民营书店的淘汰率在整个书业中是最高的。

首先，我们来看中国图书销售渠道的总体状况。就销售网点来看，2008 年全国共有出版物发行网点 161256 处。其中，国有书店和国有发行网点 10302 处，供销社发行网点 1868 处，出版社自办发行网点 534 处，文化、教育、广电、邮政系统发行网点 37516 处，二级民营批发网点 5454 处，集个体零售网点 105563 处。

就全国的图书销售总额来看，2008 年全国新华书店系统、出版社自办发行单位的图书纯销售数量为 67.09 亿册（张、份、盒），纯销售金额为 539.65 亿元，其中新华书店系统销售 300 多亿元。扣除通过新华书店直接发送（不包括书店销售的课本）的中小学课本、教参及非零售的部分其他图书后，全国图书对居民和社会团体零售总额为 463.97 亿元，其中城市零售 375.88 亿元，农村零售 88.09 亿元，城乡零售比为 81∶19。

在新华书店、出版社自办发行、民营书店、网上书店等渠道的市场份额情况为：全国各地的新华书店系统是最大的图书销售商，年销售约 300 亿元，占全国图书销售份额的 55% 左右，它除了在零售市场上占有 40% 左右的市场份额，还基本上独家垄断中小学课本、教参的发行，每年发行的中小学课本、教参约 170 亿元（其中包括从新华书店零售出去的课本、教参，而 2008 年全国的中小学课本、教参出版总量约为 180 亿元）。以民营书店为主的其他各类书店年销售约 200 亿元，占全国图书销售的 35%，占零售总额的 50%，其中民营书店占了大部分，不过这部分销售极其分散。至于出版社的自办发行，因为它的发行对象还主要是新华书店、民营书店，已经计算在前二者之中，这里仅衡量其直接销售给作者和读者的部分，实际所占份额不大，可以忽略。至于网上书店，近年来以当当网、卓越网为代表的网上书店迅速崛起，每年都保持很高的增长速度，两家主要的网上书店已经成为中国书业的重要力量。虽然它们都没有对外正式公布销售数字，但据电子商务行业的调查，2009 年，两家网站的图书销售总额大约占中国图书零售市场的 10%，这已经是不可小觑的一个数量。

新华书店系统的利润主要来源于中小学课本、教参，这对于它的经营极其重要，如果丧失这一业务，现有的新华书店零售业务将出现亏损的局面。而一般图书（包括教辅图书）对于民营书店极其重要，虽然民营书店在学术性、思想性图书的销售方面具有一定的优势，但除了畅销书可以有较高利润外，在一般图书的销售上也只有依托品种规模来支撑，且销售总量和利润均很有限，绝大多数民营书店的利润在很大程度上也依赖教辅读物等教育类产品的销售。按照开卷信息技术有限公司总经理孙庆国先生的估计，2006 年民营公司通过与出版社合作出版而自身完成销售的教辅图书，其年销售已在 50 亿元左右。[①] 近两年民营公司开发和销售的教辅，其销售增长更快。义务教育阶段学生的教材免费，这笔

---

① 　孙庆国：《中国出版业规模有多大》，《出版商务周报》2006 年 8 月 27 日。

费用由政府买单，因为费用巨大，各地政府是能省则省，严格控制这笔开支，导致原先搭配在教材之上直接售卖给学生的教辅现在被砍断了通路。而在应试教育下家长和学生对教辅有很大的需求，结果每逢开学之际，大批家长和学生蜂拥到书店购买教辅，民营公司编写的教辅以其针对性强、销售手段灵活，迅速占领市场，并进一步扩大市场份额。由此可见民营公司的规模和经济命脉所在。

就书店内陈列的产品差异性指标而言，虽然全国 2008 年出版书籍 218667 种，一般图书的新书为 130785 种；大中小学课本、教参等有 55853 多种（其中新书 18599 种），但无论是大中小学课本、教参，还是教辅或一般图书，产品的差异性都很有限。尤其是一般图书，重复出版、跟风炒作、内容雷同的占了相当大的分量，真正有文化价值、读者喜闻乐见的产品还不够多。这就是为什么国内大的书城虽然陈列品种达到二三十万，2009 年开卷公司监控的零售市场上年动销品种达到 99.6 万种①，年动销数量超过百册的图书却很有限，很多图书一年只销售出几本，甚至有的图书在某一家大书城陈列一年不曾动销一册。

---

① 北京开卷信息技术有限公司：《中国图书零售市场年报 2009》。

就品牌认同度来看，目前中国的读者虽然整体上品牌意识还不强，但对于某些门类如工具书已有一定的品牌意识，所以各类销售商对于出版者的品牌开始有所要求。同时，由于单体书店的面积再大也陈列不了每年出版的大量新书品种，所以，全国虽然有579家出版社，但新华书店只允许100多家出版社主动向其发货，对其他的出版社则是选择进货。因此，国内各地的很多出版社所出版的图书除了在本地区销售外，基本上出不了省界。

就客户的转移成本看，新华书店的利润主要来源于中小学课本、教参，在这一领域可供选择的产品不是很多，书店的转移成本相当高，但是在教辅读物方面则可供选择的余地特别大，转移比较方便。至于一般图书，因为每年出版的新书数量巨大，重复性产品特别多，除了畅销书，对于一般图书书店的转移成本不是很高。

就替代产品而言，除了教材和畅销书外，一般图书方面因为同类产品很多，替代性强，可以选择的替代品十分丰富。至于互联网、E-Book、电视、广播、音像产品等替代品，它们对于一般图书的消费有一定的替代性，目前的确对图书的消费产生一定的冲击，但是现有的图书销售渠道在代理这类产品方面的能力并不是很强，这一冲击对于出版者和渠道来说压力是共同的。

就购买者的集中度和购买量而言，中小学课本、教参的购买者基本上为新华书店系统所垄断，集中度高且购买量大；至于一般图书，虽然全国的发行网点众多，但是近年各地的新华书店纷纷组建成集团，由集团统一管理进销存，造成零售市场的 40% 被 20 多家各地新华发行集团所控制，而其他社会书店虽然网点众多但单店销售有限。同时由于近年出版改革和城市化等各种原因，各地农村的图书销售网点大量萎缩或消失，图书销售越来越依赖大中城市的书店。2008 年全国图书零售市场的状况是，城市出版物市场继续大幅度扩张（2004 年 274.15 亿元，2005 年 314.8 亿元，2006 年 327.8 亿元，2007 年 340.55 亿元，2008 年 375.88 亿元），而农村出版物市场继续萎缩（2004 年 89.49 亿元，2005 年 89.15 亿元，2006 年 88.18 亿元，2007 年 88.85 亿元，2008 年 88.09 亿元）。

就后向一体化能力看，不论是新华书店还是民营书店，这些年均已在尝试直接从事图书的策划、编辑和出版工作。而民营书店更是在这方面做了大量的工作，显示出不断增强的后向一体化能力。

就买方的信息不对称情况看，由于管理比较落后，信息化水平低，加上书店有意封锁信息以便拖延支付货款，出版社要想获取书店的图书销售信息极其困难，而中国还缺乏有力的行业组织和行业调查机构，由此形成书店掌握更多信息的局面。

由于上述原因，我们看到中国图书产业的买方具有很强的价格谈判能力。出版者出版图书并不难，但是销售到读者手里却十分困难，出版方的渠道渗透力薄弱，对渠道的需求处于一种饥渴状态。近年来书业渠道霸权凸显，行业规则紊乱，渠道本身管理混乱，几乎所有书店都退货没商量，部分书店长期占用货款，拖欠不付，书店打折销售图书但动辄要出版社承担折扣，且不停地要求出版社降低发货折扣。如何对渠道进行有效变革和深度开拓，已成为中国出版业过去数年及今后一个时期所面对的重要课题，同时渠道也成为制约和影响出版产业格局变化的一个重要因素。

四、供方的状况

中国图书出版产业的供方主要包括：内容资源的供给者——作者，实体书的材料供给者——纸张生产厂家，还有就是完成图书物质生产工作的制版、印刷和装订厂。

就作者而言，国内作者资源丰富，人才济济，加上高校的科研考核评价制度，促使高校教师和科研院所的研究人员撰写大量作品要求出版；国内的文学创作十分繁荣，网络时代造就了大批写作者；其他各类普通的教育方面读物依靠教师和研究生来编著就绰绰有余。但是能写出引起读者关注并产生可观销量作品的作者并不多，畅销书的作家始终就那么几位，而在每年出版的各类学术图书中，属于学术价值很高的研究成果在各个领域都不多见。由此形成一个十分奇特的现象：一方面大量的作品不能出版或出版价值不高，另一方面出版社想要的出版资源又十分稀缺，于是国内出版社大量到国外出版商那里引进版权。中国每年引进国外的版权数量都超过 10000 种，占全国新书出版量的 8% 左右，其中许多作品在国内获得巨大成功，国内年度虚构和非虚构类畅销书排行榜上也以引进图书居多。

就纸张供应而言，由于国家大力加强环境保护，近年先后关闭了大量中小造纸厂，使得原本产能巨大的造纸行业一时间产能不足，纸张供应紧张而国内的纸张供应价与国际纸张的价格又基本保持同步，从而造成国内纸张供应时时起伏波动，一段时间大幅跌价，供过于求，一段时间又疯狂涨价，求购无门。从长期趋势来看，由于全球保护森林资源的呼声日益高涨，加上造纸行业存在污染，制约造纸行业的扩张发展，纸张的供求关系仍将处于波动起伏之中。

中国的书刊印刷实行许可制度，2008年全国有6290家出版物印刷企业，而全国每年新出图书的印刷总数量不到70亿册，它们之间的业务竞争已很激烈。加上法制尚待健全，政府监管上仍有漏洞，在全国其他非出版物印刷复制企业中，也有不少在或明或暗地从事书刊的印刷业务，从而造成书刊印刷行业的残酷竞争，大批国有书刊印刷企业近十多年来一直处于困难局面。

就供应商提供产品的重要性、替代性和差异性而言，三者均十分重要，作者、纸张、印刷缺一不可，但是除了少数畅销书作家和著名学者外，大多数产品的可替代性太强，即便同一书名，可以选择的作者十分广泛，畅销书之外的作品其差异性并不大，纸张品种和数量供应充足，印刷企业等候业务，可供出版社选择的余地很大。

在品牌认同度上，发行商和读者除了认同知名作家和学者外，对于一般的作者并不了解也没有特别的要求，对于纸张和印刷企业的选择也较少有品牌认同问题。

就客户的转移成本而言，因为选择作者、纸张供应商和印刷厂的余地十分广阔，故转移成本很低。

在供应商的集中度和供应量方面，在国内的作者甚至引进图书的国外出版商方面，只有极少数属于集中度高且供应数量较大的，其他的十分分散，纸张和印刷更是如此。

在前向一体化方面，一般的作者、纸张供应商、印刷企业的能力均比较弱。他们进入图书出版领域除了有政策障碍外，在人才组织、渠道建设等方面也能力薄弱，前向一体化的能力尚未形成，而且目前还没有成长并不断增强的迹象。

在买方信息方面，可以说严重不对称。相比较而言，出版商比作者、纸张供应商和印刷企业更知晓市场，而且出版者控制生产周期和结算周期，作者、纸张供应商、印刷企业总体上处于被动状态，从而形成对出版者有利的局面。

由此，我们可以看到，相对于畅销书作家、知名学者及拥有这类资源的国外少数出版商，出版社处于劣势地位，资源的争抢十分激烈。在纸张价格处于上涨阶段时，出版社也属于弱者，难有制约对策。除此之外，出版社对绝大多数作者和部分时期的纸张供应商及整个印刷行业的砍价能力还是比较强的：很多作者要出书，出版社要求作者给予赞助或补贴；出版社拖延支付纸张供应商的货款；长期不支付印刷企业的印刷加工费，这些年来还在不断压低印刷的工价。因此，总体形势对出版社有利。但是随着内容资源对于出版业下一阶段发展和生存的重要性不断增强，尤其是数字化时代的全面来临，出版社的竞争能力将完全依赖于其在内容方面的提供能力，出版社对供应商（作者）的谈判能力也将不断被削弱，其所占有的有利因素将逐步丧失。长期而言，竞争趋势对于出版社并不利。

五、替代品的状况

作为现代服务业的一个组成部分，现代出版业的结构包括大众出版、教育出版、专业出版，其对应的功能分别是娱乐、知识、信息，广大读者购买和阅读图书，正是出于这样的一种需求。

在现代社会中，可以替代这三种功能的产品正不断涌现，并在一定程度上蚕食着图书的市场。历史上，广播、电视产业的兴起和发展曾一度逼迫出版业调整自身的定位，最终形成了现代传媒产业的基本格局。

但是互联网兴起后，这一格局再度被打乱，通过数字化技术，各类媒体之间出现了融合的局面，传媒产业的发展方向因此而有了很大的调整。当前的态势已经清晰地表明，互联网的高度发展对图书产业的长期成长将产生巨大的冲击，传统的纸质出版再次面临重大挑战。

随着社会的发展和技术的进步，数字化对中国出版产业的发展正产生日益深刻的影响。中国出版科学研究所公布的第四次"全国国民阅读与购买倾向抽样调查报告"结果显示：2005 年，我国国民图书阅读率为 48.7%，已连续六年持续走低；而上网阅读率在 1999 年时为 3.7%，2003 年增长到 18.3%，到 2005 年已经达到 27.8%，七年间增长了 6.5 倍（按：原文为增长 7.5 倍。此处更正为 6.5 倍。），平均每年增长率为 107%。2008 年的第六次调查显示，全国 70 周岁以下国民图书阅读率为 52.45%，18 周岁以下未成年人图书阅读率为 81.4%，成年人图书阅读率为 49.3%。读者对各类数字媒体的阅读在继续发展，2008 年成年人各类数字媒介阅读率为 24.5%，在各类数字阅读媒介中，"网络在线阅读"占 15.7%，排第一，第二位是占 12.7% 的"手机阅读"。调查还显示，有 2.8% 的成年人只阅读各类数字媒介而不读纸质书。2006 年，新闻出版总署对 50 家互联网出版机构的年检发现，2005 年这 50 家机构的出版业务总收入为 77 亿元。其中主营业务收入为 48 亿元，比上年增长了 4.45%；非主营业务收入为 28 亿元，比上年增长了 20.76%；利润总额为 5 亿元，比上年增长了 17.71%；净利润为 14 亿元，比上年增长了 57.67%。[①]2006 年，据四家中国最主要的电子图书供应商书生、方正、超星、中文在线公布的数据，书生可全文在线阅读的电子书已超过 16 万册，方正拥有电子书 21 万种，超星则达到 81 万种，几家的合计数已远远超过 2005 年的 14.8 万种。据估计，我国的电子书总量已超过 20 万种，居全球第一。全国已有 400 多家出版社开展了网络出版，有的出版社已累计出版电子书 3000 多种，全国约有 100 家出版社开始同步出版电子书。2005 年整个传统期刊的互联网出版的产值超过 4 亿元人民币。截至 2006 年 11 月，四家主要的传统期刊互联网出版商清华同方、万方数据、重庆维普、龙源期刊网数据库收录的文献超过 5000 万篇，所收录的期刊，扣除重复的因素，也达到 8000 多种，占国内 9500 多种期刊的 84%。截至 2006 年，清华同方的《中国学术期刊全文数据》收录期刊 6990 种，CNKI 收录期刊 7582 种（不含科普类和年鉴类）。维普资讯共收录中文报纸 400 种、中文期刊 8200 多种、外文期刊 5000 种；至 2006 年 10 月，累计收录

---

① 郝振省主编：《2005—2006 中国数字出版产业年度报告》，中国书籍出版社 2007 年版，第 14—15 页。

文献 1600 万篇，每年新增约 240 万篇。万方数据收录期刊 5607 种。龙源期刊网签约的综合性人文大众类期刊有 1600 种，内容涵盖各个学术文化和娱乐领域。2006 年，Zcom、Digibook、Xplus 三大数字杂志平台得到国际风险投资资本的青睐，这三家电子杂志拥有上千万的注册用户、上百万的发行量及数十万的在线用户。这些数字化产品推出后，正向各类客户和读者提供海量的知识、信息与娱乐产品，并逐步替代纸质产品。

国际出版的发展态势更加清晰地表明数字化已对传统出版形成巨大的挑战。根据美国出版商协会公布的数据，2009 年美国出版商的图书销售收入为 239 亿美元，较 2008 年下降 1.8%，而 2008 年较上年下滑 2.6%，但是电子书保持持续增长，2009 年美国大众类图书的电子书销售额达到 1.32 亿美元，较上年增长 176.6%。[①] 在海外，全球专业出版市场的领先者励德·爱思唯尔、威科、约翰·威利、施普林格等早已将其拥有的大部分专业期刊数字化，并不再出版纸介质的文本，而通过在全球各地集成销售数据的方式来获得巨大的收益。在全球主要的教育出版商中，培生、麦格劳·希尔等

---

① 王丹丹：《'09 美国图书总销售额下滑 1.8%》，《出版商务周报》2010 年 4 月 12 日。

出版集团正积极拓展其在线学习、教育、培训和考试业务，希望依托庞大的数字资源，向读者提供个性化的学习、培训服务，从而形成新的业绩成长空间。2009 年，数字产品及服务为培生提供了 17 亿英镑的收入，占培生总收入的 31%，比五年前翻了一番还多。培生下属的企鹅，2009 年大力拓展电子书，短时间就有超过 1.4 万种可供电子书。而大众出版商如西蒙–舒斯特出版公司自 2002 年开始就建立它的"数字资产银行"，数年后这一数据库已经包括了所有的成人新版畅销书和大部分儿童书。兰登书屋的数字成就则包括几千本新版畅销书。新闻集团旗下的哈珀·柯林斯集团为图书文本建立数字"仓库"，并准备在适当的时候以在线的方式出售内容。2006 年，欧美部分大型出版集团数字出版收益在其总收益中所占比例迅猛上升，其中汤姆森集团的 80%（不包括这时将剥离的汤姆森教育业务）、励德·爱思唯尔集团的 70%、培生教育集团的 50% 以上收入均来自数字出版及网络相关业务。2010 年，总部位于荷兰的威科集团发布 2009 年财报，该财年其电子业务收入增长 8%，占总收入的比例也由上一财年的 49% 上升到 52%，电子业务收入首次超过印刷产品。

如果说上述变化还不会引起各界的强烈关注，那么 2009

年 Kindle 的风光无限则将行业内外的注意力全部拉到数字出版上。2008 年和 2009 年，由亚马逊 Kindle 电子阅读器引发的全球数字出版热潮和由汉王掀起的中国数字阅读浪潮一浪高过一浪。2009 年 12 月 27 日，亚马逊公开宣布其电子书销售超过实体书，这对于全球的图书出版业来说都是极具象征意义的一天，人们不禁会问：纸质出版的未来会如何？而 2010 年 3 月 3 日中国的汉王科技在深圳中小板上市，受到投资者的热情追捧，股价扶摇直上，更是因为汉王搭上数字出版快车，给人们无限的想象空间。眼下全球的电子阅读器之战正打得热火朝天，除了亚马逊，还有索尼、巴诺等纷纷推出自己的阅读器，乔布斯的苹果公司也推出重头产品 iPad。在中国，上海世纪出版股份有限公司已经于 2010 年 3 月正式推出"辞海"电子阅读器，盛大公司也在同月发布了自己的电子阅读器，而宣布即将投入市场的阅读器产品数量多达数十种。正因为如此，业内人士已经将 2010 年定为电子阅读器的大战之年。

就已有的出版数字化产品来看，与传统的纸质图书报刊产品相比，它具有巨大的优势，并造就了全新的产业增长方式和商业模式。互联网出版物天然具有海量存储、检索快捷、获取携带方便等特点，其一次完成后，投入基本完成，复本数量可以无限供应并不受时间和空间的限制，其边际成本几乎为零，能够以比较低廉的价格来供给，客户和读者实现消费极其简便。不仅如此，互联网出版物可以实现影像、声音、文字等的高度一体化，互动性极强，可以给客户提供各式各样立体化的娱乐、教育、信息服务，并可以为他们提供各种数字化的个性化解决方案，因此与纸质出版物相比，性价比极高。而从客户的角度来看，对于同样的内容，除了消费和阅读习惯需要改变外，客户的转移成本极低。读者只需要一台电脑或阅读器，连上互联网，通过在线支付费用，即可获得所需要的产品，方便迅速地实现消费。

正是由于数字化产品具有这种优势，其增长方式和商业模式将与传统出版产业完全不同，尤其是其客户的消费行为将不再主要依靠中间渠道和通过集中陈列让读者选购的方式来完成，而一定是依托网络条件下的大规模定制来实现的。

所谓大规模定制，是指以较低的成本，快速、高效地向顾客提供各种定制化的产品和服务，它同时具有大规模生产和单件定制的优点。实现大规模定制的关键是要有自治、技能高的员工，产品要模块化，流程要模块化，供应网络要灵敏。管理者则通过对模块的重新配置、协调，以满足顾客多样、具体的需求。它要求公司的系统本身具有即时性、低成本性、无缝隙性和无摩擦性。

就国内现有的出版业发展水平而言，大规模定制还很难实行，但是数字化的发展正使出版业越来越朝着大规模定制的方向发展。其中的关键在于出版商角色的转换，因为信息化、数字化正在深刻地改造传统出版产业的属性，使之朝着信息服务商和一体化解决方案提供商的角色迅速转变，如果能够最终完成这一转换，则出版产业将是实现大规模定制的最佳领域。而出版商也只有通过努力打造新型的数字化业务平台，借助高科技的业务平台直接向全球的客户传输内容，使他们在决策时可以获取更多的信息，为他们提供多样化的解决方案，才能将企业从以产品为中心转变成为以客户为中心，使内容在数字化时代获得巨大的增值空间，进而实现企业价值创造和实现方式的根本变革。换言之，就是在数字化基础上，实施大规模定制，以满足全球各类读者的多样性需求。与此同时，出版商将更有理由和条件对现有的供应链进行重新设计，并彻底改造现有的供应链网络，从而实现基于数字化业务平台的新型供应链的塑造和整合。

就海外出版商的成功经验来看，在专业出版领域，大规模定制已经取得了显著的成就，在教育出版领域也已经取得了长足的进步。而在大众出版领域，正开展基于数字化的大规模定制的尝试，以亚马逊和中国汉王为代表的电子阅读器迅速崛起，已为大众出版的大规模定制提供了可能。而在现代出版的三大组成部分——大众出版、教育出版、专业出版中，目前只有专业出版凭借互联网（灵敏供应网络），通过将技术与资源有效结合，把传统的纸质出版成功地转变为数据库（产品模块化），实现了信息内容的增值，并跳过所有的中间渠道，通过直接向全球的机构客户销售数字化产品而获得巨大收益（流程模块化），从而在数字化时代构建起全新的商业模式，形成新的竞争优势。

海外出版商正按照这种模式改造自己的业务。2006 年10 月，汤姆森集团宣布出售旗下著名的汤姆森学习集团，将精力转向法律、金融和科技医疗信息服务等，集团的角色从一个内容提供者转变成一个业务伙伴，其定位在于向职业客户提供一体化的产品方案。2007 年，出售工作完成，同时汤姆森集团和英国路透集团合并，成为全球最大的金融信息提供商。2007 年，约翰·威利购并英国布莱克威尔公司，强化其在专业出版和数字出版领域的地位。励德·爱思唯尔集团分批出售旗下的哈考特教育，将英国部分出售给培生，将美国部分出售给霍顿·米夫林，收购为保险业提供数据和分析服务的 ChoicePoint 公司，迅速拓展集团的数字化业务，集团的定位也全面转向信息服务，离传媒业已经越来越远。

由此可见数字化时代对于传统出版业的改造力度之大，同时，我们可以预见的是，一旦出版业在数字化基础上，能够向读者和客户提供个性化的信息和解决方案，实现大规模定制，形成出版产业新的增长方式和商业模式，传统出版产业的发展将迎来又一个新的春天。

六、潜在进入者的状况

中国出版业的潜在进入者是指那些有可能进入图书出版产业的投资者，其中也包括外国出版商和国内现存的大量从事图书策划出版的文化工作室。

现在国际上主要的出版集团如贝塔斯曼、励德·爱思唯尔、麦格劳·希尔、培生、汤姆森、威科、约翰·威利、哈珀·柯林斯、阿歇特、牛津大学出版社、剑桥大学出版社等均已在国内设立代表处，其业务已由过去的版权代理转变为在国内组织作者、策划出版图书并进行产品推广和销售，中国市场成为其全球市场的一个重要组成部分，并且在其全球业务中属于一个新兴的迅速增长的市场。2005 年，中国出版业开始实施中央提出的"走出去"战略，国内出版单位为了借助海外各类出版集团的力量迈向国际市场，正各自选择海外合作伙伴，与它们开展深入的合作，这为海外出版集团和出版社进入中国创造了绝佳的机会和条件。如法国的阿歇特出版集团于 2010 年与江苏凤凰出版集团合作在北京成立了合资公司，开展版权合作、组稿、策划、批发等业务。

同时，国内近年来涌现出数万家文化工作室，尤其是在北京，工作室的数量最为集中，它们策划出版了大批图书，已成为中国图书市场上一支重要力量。当然，由于中国出版业实行的行业许可证制度和出版规制，这些文化工作室进入图书出版产业的行为还处于政策的灰色地带，还不能大张旗鼓地开展其出版业务，所以我们这里仍将其视作潜在的进入者。但是，它们面临的进入障碍已经并正在逐步减少。

就现有生产商的成本优势来看，全国现有 579 家出版社已经基本丧失成本上的优势，甚至一定程度上处于劣势。外国出版商拥有资金和市场运作能力的优势，可以在全球开展其业务，利用全球各地最低廉的成本来生产和推广其产品，所以它们在成本上具有一定的领先性。文化工作室在体制和机制上比较灵活，没有国有企业的各种弊病和包袱，而在作者费用、图书加工和印刷上与国有出版社享有同样的价格，有时还能在不降低质量的前提下获得比市场均价还要低的服务价格，所以它们在成本上也基本上处于优势。国有出版企业这么多年积累了大批出版资源，重版资源比较丰富，同时拥有一批成熟的出版人才，从而通过资源占有和人才队伍上的整体优势降低了总体生产成本，在很大程度上弥补了其不足，获得了一定的市场竞争力。但是这种竞争能力随着时间的推移正在逐步衰退。

就规模及范围经济来看，国内的出版产业集中度不高，已有的出版集团大多数整合程度很低且业务高度同质化，只有极少数的出版集团和出版社具有规模经济和范围经济的效应。而进入中国的各个国际出版巨头，作为跨国企业，早已达到规模经济和范围经济的要求，相比之下，竞争优势的天平向它们倾斜。至于文化工作室，经过多年的发展，如魔铁、共和联动、博集天卷、新经典、世纪天鸿、钟书等二三十家文化工作室已经达到每年1亿元以上的销售规模，最大的公司据称年产值已达到10亿元。这些规模较大的工作室大多从事中小学教辅甚至教材的开发和销售，已经具有一定的规模经济，同时它们也从事教育培训及其他业务，有一些范围经济的雏形，还有的在大众图书出版领域获得重大发展，成为国内畅销图书的制造者。但是大多数文化工作室的规模都不大，时强时弱，每年都有大批工作室出现，同时也有大批工作室倒闭，力量总体上还比较弱小。

关于学习曲线，它又叫经验曲线或生产时间预测曲线，指通过对员工的培训和员工的学习，提高生产率，降低成本，提高效益，从而形成所谓的学习曲线效应。当然，这一效应的扩展有一定的限度，并不能无限提高。就此而言，现有的国有出版社可以通过对员工进行培训来提高效益，这对于增强企业的竞争力有很大的帮助。但是，这些年来，大批成熟的国有出版社员工跳槽到外资出版商的中国办事处，或自己开办文化工作室，或加盟文化工作室，从而造成国有出版企业的学习曲线效应外溢，增强了潜在进入者的竞争力，降低了国有出版企业的成本优势。

在获取必要的生产要素和渠道方面，对于进入中国的各家外国出版巨头和民营文化工作室来说，它们获得作者资源、纸张、印刷等生产要素的难度与国有出版社处于同一水平，外国出版商依托品牌和资金的优势，则更容易获得这些资源。当然，中国的出版和批销许可制度，使它们不得不支付一些成本来从出版社和渠道商那里获取有关资源，相对而言增加了它们获取这类生产要素的难度。不过，对于中国的文化工作室而言，它们借助大量的民营书店（二渠道），也可以方便地获得渠道，而且规模较大的文化工作室基本上都拥有自己的书店和特殊的团体购买关系网，它们实现产品销售并不是特别困难。

在产品的差异性上，文化工作室多从事教育和大众图书的开发，其产品通过各种"合作出版"的方式，假借国有出版社名义出版发行，在内容和产品定位上与国有出版单位的产品差异性不大。外国出版商获得产品后可以在国际上出版和销售，如果在国内出版，则采用与国有出版社合作的方式，它们的产品虽然相对质量要高，图书内容的视野比较开阔，但是总体上差异性也不大。

在品牌认同度上，目前国内排名前50位的出版社具有一定的品牌知名度，客户和读者比较认可。但是外国出版巨头的品牌更响，如在英语教育图书方面，英国的牛津大学出版社就分别通过与江苏译林出版社和上海教育出版社合作，在国内的中小学英语教材教辅出版中拥有很高的品牌认可度。另外，少数民营文化工作室也有一定的知名度。不过受政策限制，它们的产品仍以国有出版社的名义出版，且数量及产品覆盖率有限。所以总体上，国有出版社在品牌认可度上还有较大的优势。

在客户转移成本上，对于中小学教材，客户的转移成本会比较高，但是在一般图书方面，客户的转移成本可以说很低，有时候他们还可以借转移之机，从新进入市场的竞争者那里获得更大的收益。

行业内现有的579家出版社对于这些潜在的进入者，一方面是无可奈何：因为外国出版商拥有大量优质文化资源和丰富的市场经验，文化工作室的某些选题质量上佳，而相当一部分出版社自身的竞争力又不强，其业绩就只好依托与前二者的合作来实现，从而逐渐丧失内容创新和产品的市场营销能力。另一方面，还是有持拒绝态度的出版社，千方百计通过抢夺作者资源、留住人才、提高管理水平、降低成本费用、设置各种政策障碍等方式来限制这些潜在进入者的进入，但是这种类型的出版社可以说凤毛麟角、屈指可数。换言之，整个业界对于这些潜在的进入者只能无奈地逐步接受。

目前，中国出版业的潜在进入者进入的最大屏障就是政府的规制。政府对行业外的资本进入印刷、发行领域已经放开，但对进入编辑出版领域仍然有着严格的限制。从政策上看，其他资本想要在中国创办一家出版社仍是不可能的。但是政府的政策时有微调，或紧或松，加上管理上存在漏洞，造成这些潜在进入者可以用各种方式在政策的灰色地带从事图书的编辑出版。而如果政府规制放开，短期内图书出版和图书市场将烽火连天、狼烟四起，在激烈竞争的过程中，中国出版产业内的组织生态和地域格局将发生根本性的变化。所以，政府的规制可以说是目前中国图书出版产业潜在进入者的最后一堵墙，而对一些核心竞争能力极度匮乏的出版社来说，这已是最后一道防线。

七、小结

通过对中国图书出版产业五种竞争作用力的分析，可见行业自身的能力在不断削弱，而行业外的四种作用力在持续增强。在行业内部，当前的中国图书出版产业在宏观层面处于垄断状态，非市场化的程度很高；而在微观层面已是高度竞争，虽然市场化程度已达到一定的水平，但竞争仍然处于同质化、差异性不明显且以产品竞争为主的初级阶段。在渠道方面，中国图书出版产业的销售通路近年有了较快的发展和提升，但是渠道并不通畅，出版企业对于渠道的渗透和控制能力总体比较薄弱，这种情况有待进一步改善。在供应商方面，长期来看，随着出版商抢夺内容资源的竞争不断加剧，供方对于出版商的谈判能力将逐步增强。在替代品方面，随着纸质出版物的替代品日渐增多，尤其是数字出版对出版业的发展将带来革命性、颠覆性的变化，传统出版业必须正视并采取积极措施迎接挑战。在潜在进入者方面，民资、外资已经大举进入中国图书出版产业并取得了巨大的发展，而一旦政府关于现有产业进入的规制有转折性的变化，对现有出版集团和出版社的冲击将是难以估量的，竞争的激烈程度将会在格局变化后再上一个层级，甚至这种竞争将影响到现有大部分出版社的生存。

中国的出版集团和出版社必须正视行业外四种作用力已经很强大、自身竞争优势正不断削弱这一事实，虽然现阶段各地的出版集团通过对省域内出版资源的整合，借助各种行政力量确实谋取了在区域内的垄断优势，但是这与中国发展市场经济所要建设的大流通、大市场的要求完全背道而驰，这种垄断早晚要被打破，很难长久。今后一个时期，中国各地的出版集团和出版社继续按照行业过去的做法，希望通过整合传统产业链以建立进入壁垒，达到规模经济和范围经济，从而在未来继续获得垄断利润，这种可能性短期内会延续甚至继续增大，但长期来看将越来越小。因此，在知识经济时代和新的技术条件下，中国的出版集团和出版社应面向市场，充分发掘机构客户和个体读者潜在的学习、娱乐、研究与职业提升需求，在新型产业链和价值链上 [①]，以不断增强内容创新能力为基础，积极构建并不断调整、巩固新的竞争优势，以确保自身的长期生存和不断成长。同时，应积极迅速地融入数字化潮流，探索和建立数字化时代出版业的商业模式和盈利模式，大力推进并完成传统出版产业向数字出版转型，以实现增长方式的转变，从而推动中国图书出版产业的持续稳定健康发展。

[①] 关于新型产业链的理论，见芮明杰：《中国产业发展的战略选择》，上海人民出版社、格致出版社 2010 年版，第 214—216 页。

中国图书出版产业的
竞争趋势分析[*]

本文先对政府规制、竞争者的竞争战略、数字出版这三种影响中国出版产业发展的因素进行分析，然后概述数字化所造就的新型出版产业链和价值链的构成与特点，根据新型出版产业链和价值链的内在运行逻辑，提出出版产业的竞争优势必须依照新型出版产业链和价值链来重新塑造的要求，最后就影响中国出版产业竞争发展的这三种主要因素的变化方向及对出版业竞争结构的作用进行分析，对中国图书出版产业的竞争趋势作出评估。

---

* 本文以《中国图书出版产业的竞争趋势》为题，刊《编辑学刊》2010 年第 5 期。中国人民大学复印报刊资料《出版业》2011 年第 1 期转载。这是笔者的 EMBA 硕士论文《中国图书出版产业的竞争结构与竞争趋势研究》的第四章。收入本书时，作了适当删减。

一、影响出版产业竞争的主要因素

有三种主要因素正在深刻影响着出版产业的竞争格局和未来发展方向。

1. 政府的规制

首先，这种规制在产业政策层面表现为行业的准入制。出版业具有文化和商业两重属性，又是意识形态的重要领域，世界各国基于文化安全和产业保护的考虑，对出版产业都有着或明或暗的规制政策。发达国家出版业的市场化程度一般都比较高，出版业对商业化运营手段的运用比较充分，行业的准入限制相对较少。中国在出版产业政策层面主要是通过出版社设立的审批制、出版人员的资格审查、书号实名申领和发放控制等各种方式，确立了行业的准入制，从而限制其他资本进入图书编辑出版领域，只允许它们进入印刷、发行领域。这种政策使得中国的出版社数量稀少，出版社的壳和书号都成为一种重要的资源，造就了出版业宏观层面的垄断局面。

其次，这种规制在产业格局方面表现为省域出版经济的割据。1949年前，中国的出版产业集中于上海，新中国成立后，上海的出版单位如商务印书馆、中华书局等迁移到北京，政府又在北京创建大量的部委和大学出版社，同时在各省也建立了人民出版社和新华书店销售系统。在 1978 年改革开放之前，中国的出版产业一直以北京和上海为重镇，京版、沪版是各地新华书店主要的产品来源，而京沪之外的各地出版业仍处于主要从事教材租型出版的辅助地位。改革开放后，京沪之外的各地出版社大规模裂变，纷纷成立教育、科技、美术、少儿、文艺、古籍出版社，大力发展印刷业务，并在行政力量推动和市场化竞争过程中，逐步形成各省都有比较强大的出版产业的格局。20 世纪 90 年代中后期中国出版产业开始集团化，这种集团化主要以省域内现有资源的集中来完成，绝大多数省份是通过行政手段，按照传统出版的产业链和价值链，从上游、中游到下游，将出版、印刷、发行全部集中，成立一个纵向一体化的大集团。这些出版集团成立之后，一方面按照中央要求，努力开展改革工作，尝试建设市场主体，另一方面，借助大集团在省域内的天然垄断地位，抓住政府的力量，竭力谋取超额的垄断利润。同时，地方政府也会为其制定各种保护性的政策，以维护其利益，所谓出版的省域经济就由此而来。如此一来，国内现有的出版集团在利益上的冲突主要体现在对既得利益的分配上，尤其是各省市的出版集团均既希望保护本地的既得利益，又想抢夺外省市的市场，从而造成文化市场的分割和零碎化，大流通、大市场的格局短期很难形成。

此外，这种规制还表现在限制出版企业的迁移上。因为政府对出版社有主管主办的要求，中央部委和各地大学所属出版社，无论在转企改制后如何与主管主办部门脱钩，目前还难以摆脱行业和上级主管部门的管辖，而各省市的出版社想要从本地迁移到外地，也很难突破主管主办这一政策限制。同时，凭借政策支持，部分中央各部委出版社和大学出版社、各省市的出版社在取得行业教材和中小学教材教辅市场后，通过局部和地区的垄断，还能获得一定的经济效益，成为主管部门的重要资金来源或政府的重要税收来源，相关主管部门为了保障自己的经济利益，对本地出版企业迁往他方，根本不会放行。这种规制使得分散的、原子化的产业分布格局很难改观。

由此可见，政府的规制政策在一定程度上限制了出版产业的有效竞争，造就了行业和区域的垄断和割据局面。

2. 出版行业现有竞争者采取的策略和行动

鉴于出版行业内主要竞争者目前采取的策略和行动，它们未来可能采取的竞争战略还是相对比较清晰的。

一是部分市场竞争者通过并购提高产业的集中度，加大产业发展的一体化力度，从而强化并维持其垄断地位，追求规模经济的效益，以继续获得垄断利润。如随着中央出版单位的转企改制，一批生存困难的中央出版单位已被一些地方出版集团兼并。今后一个时期，这种出版集团与出版社之间的并购事件也许将会不断出现，出版产业的集中度也将因此不断提高。同时，各地出版集团加速整合出版、发行、印刷等传统出版产业链，积极开展跨地区的书业整合和并购活动。这种传统出版产业链上的一体化将使原有的地方垄断更加巩固，并在跨地区并购后扩大控制范围。

二是部分市场竞争者通过进入其他业务领域实现企业主要业务的转型。各地出版集团大举进入房地产、酒店、金融、医药、外贸、旅游等与出版产业不相关的业务领域，同时借文化地产之名大兴土木，兴建大量的大型购物中心，实行所谓的混业经营，追求范围经济的效益。很多集团的主营业务收入和利润已经不是来自出版，而是来自出版之外的其他业务。由此一来，所谓的出版集团已经名不副实，而是借发展出版产业之名和所取得的各项便利条件，将出版集团逐步转型为混业经营的集团公司。届时，出版行业年度统计的产业规模会更加庞大，但真正属于出版产业的产值并没有那么大。当然这种多元化发展方式，在出版产业发展基础比较薄弱的省市有相当大的合理性。

三是一批出版集团和出版企业进入资本市场，借此改善自身的治理结构，以便提高运营水平和竞争能力。辽宁、安徽等地的出版集团已经登陆资本市场，成为上市公司，当然资本进入后它们内部发生的变革还很有限，在出版领域能有多少上佳的表现也需要耐心等待。中国出版集团和湖北、湖南、江苏、浙江、江西、吉林等地的出版集团正积极筹备上市工作，而中央相关部门和地方政府在实现双百亿目标的推动下，也为这些集团的上市提供各种便利。可以预见，在今后不长的时间内，资本市场上将会出现一大批传媒股。而进入资本市场后，不论这些出版集团在业务领域取得何种进展，对于它们提高管理和运营水平终归会有积极的促进作用，而它们融取的大量资金和上市监管的要求对增强集团自身的竞争能力也会有一定帮助。但是，中国的资本市场向来具有极强的政策性，多年来上市公司出现的圈钱行为比比皆是，所以对于上市出版企业今后的发展情况，还要拭目以待。

四是各地的出版集团和出版企业在实现多元化或进入资

本市场后，为了正名，也会回身加大对出版资源的争夺力度，从而加剧出版产业竞争的激烈程度。这些出版集团和出版企业通过上市融资获得了大量资金，所经营的其他业务有时候也会在一个时期取得巨大的收益，这使它们有实力也有能力转身对出版加大投入。最近行业内已经出现一种现象，部分实力强大的集团，对于所属出版社的出版业务给予大量的资金补贴，同时鼓励并加大了与文化工作室的合作力度，积极抢夺出版资源，导致行业内出现畅销书作家的预付稿酬达到天价、购买海外名家版权时支付巨额预付金、不断上马一些大型集成性出版工程等情况。另一方面，部分出版社和工作室继续加大运用价格竞争的力度，不断降低销售折扣，抢夺市场份额，使出版产业的利润越来越低。这种举措引发了出版行业更多的不正当竞争，加剧了行业竞争的力度。

在中国这样一个发展中国家，出版产业内竞争者目前采取的这种竞争策略有其现实的合理性。不过从促进出版产业的长期健康发展出发，这种畸形发展中的问题，需要我们正确面对并设法加以解决。

3. 数字化和数字出版

近年来，面对涌动全球的数字化浪潮，从中央政府到各地的出版集团、从行业内到行业外，中国图书出版产业的各方面力量纷纷加入这一时代大潮中，努力探寻在这个大变局中自身所在的位置。在出版业的数字化进程中，数字出版的发展最为引人注目：2009 年，新闻出版总署所统计的年度行业 1 万亿总产值中，数字出版的产值达到 750 亿元。这个令人兴奋的数据并不表示中国的数字出版已经取得重大进展。一方面，750 亿元产值中的大部分属于游戏产业，与出版产业可以说风马牛不相及，真正属于对出版业有意义的数字出版产值虽有较为快速的增长，但是在中国图书出版产业的总产值中所占份额还极其有限。另一方面，在传统图书出版产业内，各地的出版集团和出版大社纷纷将数字化视作一项重要的工作，同时将数字出版列入自身业务发展的重要板块。有一些出版企业不管自己的能力和条件，跟风将发展数字出版列入本单位重大发展战略，有的还成立专门的公司来开展这方面的业务。不过，时过数年，大多数出版企业的数字化工作究竟开展得如何，有待探讨。

从全球来看，数字化和数字出版的发展已使传统出版产业链和价值链迅速边缘化，初步形成了全新的全球出版供应链网络和出版价值链。可以预期，随着数字化与数字出版的快速发展，出版产业原有的竞争结构将彻底改变。

目前，数字化和数字出版发展仍然处于导入期。在三大出版板块中，专业出版领域的励德·爱思唯尔、施普林格、威科、约翰·威利等公司的专业出版数据库建设和在线运营方式已经获得巨大的商业突破，并已初步促成了这些公司的业务转型；教育出版领域的在线教育、测试正深刻影响着学生的学习方式，是全球主要的教育出版集团业务中成长迅速的领域；而适用于大众出版的亚马逊的 Kindle 和汉王等电子纸产品已经完成了初步的导入工作，用户的数量有望进入大规模成长阶段。从全球的发展趋势来看，用户适应数字化产品的消费习惯正在逐渐形成，2010 年这种发展也许就会突破发展的临界点，进入爆发性成长阶段。而一旦这种局面形成，我们将会看到整个出版产业面貌的翻天覆地的变化。

当然，互联网产品对于纸质出版物的冲击是一个长达 10 年、20 年的过程，即便到 30 年、50 年之后，纸质出版物仍将有其存在和发展的理由。但是我们不得不正视数字化的挑战，认真思考图书出版产业今后的生存和成长方式，探索并重新确立自身的定位。而如何运用数字化的技术，迅速融入这一潮流中，在新的产业领域获得发展的机遇，更是传统出版者应该深入思考的问题。可以说，数字化的冲击正成为影响出版产业格局变化的一个重要因素。

二、图书出版产业的新型价值链

迈克尔·波特在《竞争优势》中提出了价值链分析工具："为了认识成本行为与现有的和潜在的经营差异化资源，价值链将一个企业分解为战略性相关的许多活动。企业正是通过比其竞争对手更廉价或更出色地开展这些重要的战略活动来赢得竞争优势的。"[①]价值链分析对研究产业的转型和企业竞争优势的塑造很有帮助。

20世纪90年代开始席卷全球的数字化造就了"内容产业"，出版产业链和价值链的构成由此发生了重大变化。传统出版产业链和价值链是按照图书报刊音像等编辑、出版、印刷及销售这样一个纵向的、垂直的链条来构建的，而在数字化时代，出版业通过对内容资源的多介质、横向的水平开发，塑造了新型出版产业链和价值链（图1）。[②]

数字化时代的新型出版价值链的起点仍旧是内容的组织和生产，这种编辑出版活动与传统出版价值链在前端有很多相同之处，主要是对自主开发和组稿约稿而来的作品进

---

① ［美］迈克尔·波特：《竞争优势》，华夏出版社2005年版，第33页。
② 关于新型出版产业链和价值链的特点，参见陈昕：《出版产业论稿》，复旦大学出版社2006年版，第69—70页；陈柳钦：《有关全球价值链理论的研究综述》，《南都学坛》2009年第5期。

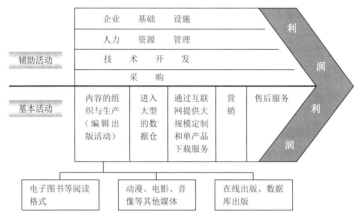

图 1　新型出版价值链

行编辑加工和制作，但编辑工作完成后，新型出版价值链
与传统出版价值链就开始分途发展，进入各自的发展轨道
了。在新型出版价值链下，常规的编辑活动完成后，就开始
对内容进行基于不同介质的横向水平开发，在同一个内容的
基础上衍生出各种媒体形式的产品。当然，大众出版、专业
出版、教育出版等不同板块在这种衍生产品的开发上是有差
异的：大众产品更倾向于以各种媒体形式来发挥其娱乐的功
能和价值；专业出版更倾向于整合为数据库和演化为深度的
信息服务产品；教育出版则在保持自身积累知识的特性基础
上，既使用大众出版的娱乐性手段，也会采用专业出版的数
据库和信息服务的方式，加大对知识的整合和传播力度。由

此，在价值链的内容生产环节，新型出版已与传统出版全然不同。

不仅如此，在传统图书出版价值链上，编辑加工完成后，将以纸质形式印制成图书，放入仓库，然后发送至各地的书店等销售渠道，通过复杂的分类、分送和上架之后，才能供读者选购和阅读。而在新型出版价值链上，对内容完成编辑并进行水平开发后，所有的数字内容将被存入服务器，通过对知识的汇总、分类、整合，建立大型的数据仓库，然后通过互联网，或者以单品下载阅读形式，或者以远程数据库登录方式，或者以局域网的服务器模式等，供全世界的读者即时阅读和消费。新型出版价值链上不再有印刷、实物仓库、物流、实体书店和书架，只有虚拟的、数字化的电子知识流，这时通过互联网就可向个体读者、机构客户提供即时的全球性的阅读和消费服务。由此可见，新型出版价值链的构成完全不同于传统出版价值链，它从根本上颠覆了这个产业原有的生存和发展模式。

此外，在经济全球化的大潮下，作为新兴的互联网经济的一个部分，新型出版产业链和价值链使得出版产业的发展不再局限于一个地区、一个国家，而是在全世界范围内进行分工和整合。

三、图书出版产业新的竞争结构

这里，我们将通过观察三种主要影响因素的变化方向，分析其对行业五种竞争作用力的影响，由此来看出版产业未来竞争格局的发展趋势。

首先，我们来看行业内的竞争发展态势。根据前文（《中国图书出版产业的行业竞争结构分析》）对行业竞争者策略的分析，我们看到，行业和区域垄断的强化是逆市场竞争的行为，不利于长期竞争优势的形成和企业走向国际化。出版产业竞争者现有的业务多元化，进入的并不是相关相近的产业，无法产生经济学上的"外部经济"，对于出版产业的创新并无积极作用。现有的区域垄断和产业的多元化使得出版与相关产业继续分散于全国各地，无法形成产业集群，提升和扩散效应难以产生，很难造就出版产业的国际竞争力。出版产业现有的竞争仍旧局限于抢夺畅销书、开展价格战等基于初级和一般生产要素的竞争，很少有出版企业在积极创造发展高级和专业型的生产要素，产业创新很难实现。因此，出版行业内的竞争会更加激烈，但是这种竞争的水平仍然是低层次的，无法促进现有出版企业构建新的长期竞争优势，更难以推进出版产业的转型。而随着中国市场经济建设的继续推进和中国出版产业改革的不断深化，目前通过行政权力笼罩而形成的行业和地域垄断必然要被打破，所谓的省域出版经济格局将会发生重大变化，同时行业的低水平竞争也将使很多企业的经营难以为继，不排除有一些竞争者会调整方向，转向其他产业发展。

其次，我们来看出版产业买方的未来。只要纸质图书仍旧在发展，现有的书业渠道对于出版社的强势地位就不会改变，以当当网、卓越网为代表的网络书店的发展一旦达到其榜样——美国亚马逊的地位，则它们的强势也将显露无遗。但是，我们也看到，数字化和数字出版再造并重构了出版价值链，现有的渠道对于未来的出版价值链已经不再是不可缺少的环节，未来书业的渠道要比现在的单一得多，或许只剩下唯一的渠道，那就是互联网，届时还会有剩余的书店存在，它们要么是旧书店（二手书），要么出售的是供收藏用的出版品，要么是作为商业复合体中的展示。因此，从发展趋势看，未来出版产业将有可能省略掉现在买方这一中间环节，变成直接与终端个体读者和机构客户进行交易。而如何为读者增加阅读价值，扩展他们的阅读体验，将成为出版业竞争的重点。

其三，我们来看出版业供方的未来。数字化时代，内容将成为更加重要的出版资源和出版竞争力，基于互联网，每个人都可能是作者，每个人也都可能是出版者。因此作者的地位和谈判能力将迅速提高，他们也许可以抛弃现有的各个出版环节，仅仅通过互联网的自由发表，就可以获得相应的甚至更高的收益。同时，在图书出版产业内，印刷加工和纸张行业未来的地位将不会太高，因为它们可以被替代和省略。

其四，我们来看出版业替代品的未来。纵观全球出版产业的发展大势，当前全球出版业的主流仍旧是按照传统出版产业链和价值链在运转，但是数字化正使其未来的发展方向大幅偏离这一链条，未来的出版活动也许将不再是围绕传统产业链和价值链来开展。出版产业的竞争优势必须依照新型出版产业链和价值链来重新塑造，而整个出版产业的转型也必将建立在数字化内容的基础上。因此，作为纸质出版的重要替代品——数字出版，随着数字化和出版业的转型，将被完全整合进入出版产业内。数字出版物将取代现有的纸质出版物，成为未来出版产业的主导产品，而出版产业也将由传统产业嬗变为新型信息产业的组成部分，进入互联网经济的大潮中。届时，出版产业将会出现新的替代品。

最后，我们来看行业潜在进入者的未来。中国出版行业的准入制短期内不会彻底改变，未来的调整一定是随着中国体制改革同步或者延后发展的。但是，政府目前正积极鼓励民营和外资的发展，这给出版行业外的国资、民资、外资提供了巨大的想象空间，为它们大举进入和全力拓展业务提供了有利的条件。同时，数字出版飞速发展，行业外资本也可以从 IT 产业间接进入出版业，从而避开部分出版规制。名虽不至，而实已归，这就是大批出版产业潜在进入者的未来。

核心竞争力与出版战略管理*

出版产业的核心竞争力在哪里？如何提升中国出版产业的核心竞争力，并在今后出版的全球化竞争中占有应有的一席之地？这些问题确实应该提到战略管理的高度来讨论。

一、出版业的核心竞争力是什么？

对于什么是出版产业的核心竞争力，人们提出了种种针锋相对的意见和看法，有人认为是人才，有人提出是管理，有人说是企业文化，更多的人主张是管理、市场、人才、产品等的综合体，等等。这些论点或者失于狭窄，或者过于宽

---

* 本文写于 2002 年 8 月，为参加上海市版协会议的论文，会后版协分送相关期刊刊发。以《出版业的核心竞争力在哪里？》为题，刊《编辑学刊》2002 年第 5 期；以《核心竞争力与出版战略管理》为题，刊《新闻出版交流》2002 年第 6 期。收入本书时，略作删改。

泛，还有一些则极为抽象以至无从把握。在此，我觉得有必要重温一下核心竞争力理论的历史。

"核心竞争力"（core competence）又称"核心能力"，这一术语首次出现是在 1990 年。这一年，著名管理专家普拉霍莱德（C. K. Prahalad）和哈默（Gary Hamel）在《哈佛商业评论》上发表了《公司的核心能力》①一文，他们提出："核心竞争力是在组织内部经过整合了的知识和技能，尤其是关于怎样协调多种生产技能和整合不同技术的知识和技能。"这种知识和技能是这家公司所独有的，使之可以在某个门类的市场上获得长期的竞争优势，与其竞争对手所拥有的知识体系不同，它能给消费者带来特殊效用并为自己带来超额利润。

自此之后，关于核心竞争力的研究开始在管理学界、经济学界和企业界风行起来，国内学术界也在 20 世纪 90 年代中后期开始讨论这个问题，并得到了企业界热烈的呼应。

在这些讨论中，张维迎教授的说法十分形象。他提出，过去研究竞争力，我们强调产业特点，找到好产业，就意味着能赚钱。但研究表明，行业内部企业之间的利润差距远远

---

① Prahalad, C. K. and Gary Hamel, "The Core Competence of the Corporation", *Harvard Business Review*, 5–6, 1990.

大于行业之间的差距。因此，对竞争力的研究已转向对企业核心竞争能力的研究。核心竞争力这种独特的资源和能力，其独特性具体表现在五个方面：偷不去，买不来，拆不开，带不走，溜不掉。偷不去，是指别人模仿你很困难。买不来，是指这些资源不能从市场上获得。拆不开，是指企业的资源、能力有互补性，分开就不值钱，合起来才值钱。带不走，是指资源的组织性。个人的技术、才能可以带走，因此，企业拥有身价高的人才也不意味着有核心竞争力。溜不掉，是指提高企业的持久竞争力。今天拆不开、偷不走的资源，明天就可能被拆开、偷走，所以，企业家真正的工作不是管理，而是不断创造新的竞争力。[①]

除了张维迎教授讲到的五个方面外，核心竞争力还具有一个特点，那就是这种不断更新的资源和能力一定能使企业长期获得超过行业平均水平的利润，即超额利润。这种长期获取超额利润的能力正是企业必须拥有核心竞争力的理由，也是企业家如此珍视核心竞争力的原因。

的确，在各个产业和行业中，有朝阳产业、夕阳产业之分；在各个产业内部，细分市场也有大小之别，细分市场增

---

① 《张维迎谈企业核心竞争力》，《经济参考报》2002 年 1 月 23 日。

长的速度各不相同。进入朝阳产业和在主流市场发展是众多企业合理的选择，但是即使在一些被视作夕阳产业和非主流的细分市场中，拥有核心竞争力的企业也可以长期存在并获得超额利润，从而取得良好的经营业绩，这也就是俗话所说的"三百六十行，行行出状元"。

由此出发，我们可以确认，管理、企业文化、单个的优秀人才，甚至是这些要素的集合体都难以成为出版产业的核心竞争力所在，虽然说一个企业或一个产业的长期发展离不开这些要素中的任何一项，其中任何一个方面出现问题都会影响到一个企业的生死存亡。

对于出版产业来说，真正是这个行业独特拥有的，并且具有决定性意义的只有两项要素，那就是出版物和读者（市场）。出版产业的核心竞争力就在于这两项要素的高效结合而产生的各个出版主体所独具的知识和技能。也就是说，这种出版物应该是出版主体独有的、具有自主权的，其在市场上得到读者高度认同，具有长期稳定的销售并产生明显的社会经济效益，从而支撑一家出版企业长期生存和发展。

从这些特征出发，我们可以对每一个出版主体进行分析，从而确定其是否拥有核心竞争力；如果有，具体又是什么？而出版企业家的主要工作就是要根据实际情况，从战略管理的高度，对自己所在出版主体的竞争力进行规划和组织，不断创造并维护企业所独具的核心竞争力。

二、如何创造和维护出版主体的核心竞争力

从战略管理的高度来看，在制定规划以形成出版主体的核心竞争力时，必须考虑几个方面的问题。

首先，出版业核心竞争力一定是根据出版企业的核心出版能力来确立的。对于每一个出版主体来说，都有基本与非基本出版领域、核心与非核心出版领域之分，而核心出版能力一定是与其核心出版领域相统一的。我国在计划经济时代曾严格划分各家出版社的出书范围，而且这种分工所形成的格局在一定程度上延续至今。这种划分对于出版产业的发展来说，虽然有不少弊病，但也有合理之处。的确，有一些出版社经过长期的累进和发展，在所划归的出书领域建立了自己的优势，形成了良好的品牌。在规划这些出版主体的核心出版能力时，对由这种出书分工所形成的核心出版领域就必须加以考虑。如果其在核心出版领域仍具有较强的出版能力，那么其核心竞争力就可以在这种能力的基础上进行规划和发展。不过，全国 566 家出版社中也有一些出版社，这些

年来只要不违规，什么书都出，其基本出版领域和核心出版领域比较模糊，由此造成其在分工出书范围内不具备核心出版能力。针对这种情况，那就要重新确认核心出版领域，造就核心出版能力。此外，还有相当部分出版社为了占领新兴的出版领域，在短时间内全力进入，形成新的核心出版领域和核心出版能力（如人民邮电出版社在计算机图书、少儿图书方面，机械工业出版社在文教图书方面），其核心竞争力的规划就必须根据其变化了的核心出版能力来进行。

其次，在确认这种核心竞争力时，必须将其与企业的核心盈利能力紧密联系起来。因为现在各个出版社都是自负盈亏的经济实体，经济问题涉及企业的生死存亡，所以得到所有经营者的高度关注。按照业内通则，一家出版社的所有收入中，其80%的收入将来源于20%的产品销售，这就是所谓的二八定律。这20%的产品，可以说是一家出版社的真正主打产品，是其收入的支撑点，也是其核心盈利能力之所在。当然，各家出版社的情况各不相同。在一些出版社中，这20%的产品每年在不停地变动，有时候变动特别大，有的是因为有畅销书（如作家出版社、人民文学出版社、上海人民出版社等），也有的则是因为没有真正的主打品种；而在另一些出版社，这20%的产品多年来一直比较稳定（如各地教育出版社、商务印书馆等）。因此，在基于核心出版能力考虑核心竞争力时，首先必须注意，这 20% 的产品是不是由其核心生产能力所实现的，如果答案是否定的，那么说明原先所确定的核心出版能力名不副实，核心竞争力也就无从说起。换言之，只有当核心出版能力与核心盈利能力二者统一为一体时，一家出版社的核心竞争力才会凝成。除此之外，我们还要注意，现在有一些出版社通过出租房产、经营其他业务获得不菲的收入，有些甚至占到该社收入的大部分，相形之下，出版主营业务所得微薄，虽然从表面看其整体效益可观，但是其在出版领域的核心竞争力并不强。

再次，在规划核心竞争力时，必须将其与市场机会进行比照，看二者是否匹配，匹配情况怎样。在出版领域，所谓市场机会，是指那种对一家出版社来说吸引力较强、为时持久并且合适的出版活动空间，在这样的市场机会中，其出版物的内容与形式会被相关读者所接受，充分满足其阅读需求。对于出版者而言，由于出版物在数量、结构、发展上的不平衡，读者的各方面阅读需求不可能完全得到满足，所以，无论何时出版领域都存在形形色色的市场机会。这种机会有的是显见的，有的是模糊的，还有的需要出版者通过创造潮流来造就。出版企业家必须对整个产业进行全面的观察，要对自己所在出版社的能力作出合理的估价，对竞争对手的规模及能力进行有预见性的分析，对各种各样的市场机会保持快速有效的反应能力。在规划核心竞争力时，一定要将核心出版方向与各种市场机会作一比对，看匹配情况如何。要找出在哪些地方该出版社真正具有不同凡响的实力，在哪些地方竞争对手相对较弱，在哪些地方读者需求未能得到满足或者可以不断创新，在这三个方面的交汇处找到出版主体潜在的市场机会。同时必须对出版主体所选定的市场机会进行分析：目标市场的风险大小如何，短期市场规模有多大，特点如何，分布如何，预期市场规模如何，可能存在的竞争对手情况怎样，等等。通过这些方面的综合分析，最终确定哪些市场机会是属于自己的，哪些机会是正确的市场机会，由此规划出版主体核心竞争力的发展方向及实施途径。

最后，必须根据读者的需求及变化进行核心竞争力的创造与维护。我们知道，出版物最基本的属性就是让读者阅读和消费，而读者的需求永远不会被完全满足，这种需求是无限度的，充满个性色彩的，更是与时俱进、不断变化的。对今天的各个出版主体来说，生产出各种各样出版物的能力和手段都已经具备。出版业核心竞争力的着力点并不在于我们能提供什么样的出版物，而集中在我们能为出版物添加什么样的个性化内容，以便让不同阅读人群愉快接受。飞速发展的数字化技术已经为我们提供了可以操作的手段，实现我们想要达到的形式。因此"创新"始终是出版不断发展之源，是一个出版主体生存、发展的内在要求和基本形式，也是出版业不断适应环境、实现自我超越的必然过程。差异化战略、个性化经营始终是一个出版社在强手如林的竞争环境中脱颖而出的利器之一。根据读者的需求个性，追求出版物的独特性始终是出版创新工作的重中之重。在创造和维护一个出版主体的核心竞争力时，必须紧随读者阅读口味的变化，不断为出版物增添新的符合时代特征的内容，发展出新颖有效的形式，创造出新的阅读消费潮流，从而最终占领市场，获得最大化的收益。

"以人为本"与现代出版企业人力资源管理[*]

　　坚持以人为本就是要以实现人的全面发展为目标，从人民群众的根本利益出发谋发展、促发展，切实保障人民群众的经济、政治和文化权益，让发展的成果惠及全体人民，这对于新时期出版企业的人力资源管理工作有着重大的现实指导意义。

一、中国出版行业的基本状况与人力资本的关键性作用

　　这里从内容提供角度，对中国出版产业的基本情况作一分析。

　　从产业属性上看，出版产业属于典型的服务业，而根据

＊　本文刊《编辑学刊》2008 年第 1 期。收入本书时，略作删改。

服务业的特点，现代出版从结构上可以区分为三个主要的组成部分，即大众出版、教育出版、专业出版，三大出版门类具有不同功能：大众出版的主要功能是娱乐，教育出版的主要功能是传播知识，专业出版的主要功能是提供信息。功能的不同，决定了它们在全球化时代的境遇不同。

在数字化时代，出版是整个"内容产业"的一个组成部分，掌握内容资源尤其是抓住独特的创意已经成为现代出版企业核心竞争能力建设的一项重要任务，只有抓住独特的创意，打造出区别于他人的出版物，才能在激烈的市场竞争中获得优势，从而获得相应的收益。

对于中国图书出版行业来说，在大众出版领域，由于大众娱乐的实现受到地域和文化的限制，能够在全球各地都受大众欢迎的图书产品，其数量极为有限，除了少数全球畅销书外，绝大多数图书还只能在同一文化圈内传播。华文出版物主要在中华文化圈内会有较为广泛的市场，比如在中国内地、中国香港、中国台湾、东南亚、日本和韩国，所以中国的大众出版全球化最主要的市场在于这一范围。目前，中国内地的大众出版约占年度出版物销售总额的40%，是中国出版产业市场上最活跃的一个部分。

对于教育出版而言，普通教育产品受各国意识形态的控制，比大众出版具有更强的地域性，除了外语学习类产品可以在全球推广使用外，其他产品目前还很难在全球甚至在本文化圈内推广。而高等教育领域则有很大的差异。目前中国的高等教育在很多学科（尤其是理工农医，狭义的社会科学如经济学、心理学、社会学、人类学及国际政治等学科）已经极力与国际接轨，采用全外语教学或大规模使用海外出版商出版的教材，很多学科的主流教材已被国际出版商所控制。目前，中国内地的教育出版大约占年度出版物销售总额的 50%，是中国出版产业市场上最重要的组成部分，也是推动整个产业成长最主要的力量。

对于专业出版来说，目前，全世界的专业出版已经高度全球化，并被少数跨国出版巨头所垄断，比如爱思维尔、约翰·威利、施普林格、威科、麦格劳·希尔、汤姆森集团等，它们通过全面提供信息化的产品和解决方案，在全球开展业务以获得巨额收益。中国的专业出版力量薄弱，出版社自己能拓展的市场主要在国内，对于海外市场，则主要是将自己的专业出版物和专业期刊外包给这些出版巨头，通过它们销售到世界其他地方。目前，中国内地的专业出版约占年度出版物销售总额的 10%，是中国出版产业市场上最薄弱的一个部分。但是未来十年，随着中国进一步加强科技创新，这一领域的前沿性成果将不断涌现，中国的出版商将会投入更多力量进入这一领域，它将会是中国出版产业中重要的成长力量。

所以，从内容提供的角度来看，中国出版企业在普通教育、大众出版的一些领域还具有优势，但是放眼全球，我们现有的出版企业在内容提供和跨国销售方面没有任何优势。如何在内容提供领域获得全球性的优势，是中国出版人必须思考的问题。

正因为出版行业是一个典型的创意型产业，是一个以文化知识传承和创新为核心的价值创造过程，所以，出版产业内的竞争均围绕出版企业这种对知识的整合与创新能力而展开。在这个过程中，出版企业中的知识人所发挥的作用至为关键，离开了人的创造以及对人的知识与信息服务，出版企业和出版产业的发展将无从谈起。由此可见，人力资本的管理与开发已经成为现代中国出版企业在新时期必须正视的一个关键问题。

二、根据关键要素确立现代出版企业的人力资源管理重心

在出版企业中，其关键要素是什么？我们可以通过分析中国出版业的客户（读者和分销商）来作出判断。从读者的需求角度来看，除了教育产品基本上是求学者所必需之外，对于读者来说，大众图书和专业图书，一般都属于非必需性消费，如果不能以正确的产品、正确的时间、正确的地点、正确的价格、正确的数量、正确的状态、正确的成本等来满足这些读者的需求，这些非必需性消费需求大多数就会消逝不再来，某些消费欲望会被其他文化娱乐方式替代。因此，有针对性地、迅速及时地满足读者的需求，是出版企业必须着力解决的一大难题。而从分销商角度来看，中国目前的图书分销体系基本上是代销制，分销商对于退货承担的责任很小，只需要支付退货运费，而损失则基本上由出版商承担。分销商对于读者的需求预测很难准确，他们既担心畅销图书产品短期缺货，又担心进不到小印数图书的货，所以他们会从出版商这里采购大批图书，放进自己的仓库，以保证供应。众多分销商均抱这种观念，就造成图书行业显著的"牛鞭效应"：出版商所获得的市场信息是完全失真的，他们要么大量造货，以备分销商之需，要么高悬"免战牌"，宣布不能供应。而一段时间以后，分销商这里的图书不能实现销售，又大量退回到出版商那里，从而形成图书行业的库存总金额与年度销售额大致持平的恶性局面，产业内创造的利润很大一部分变成了存货，或者说是废品。

因此，中国的出版企业要化解目前产业内的困境，就必须针对这种困局，采取措施，解决一些战略性的问题，比如：通过加强专业化建设，在成本领先和产品差异化上取得进展，达到规模经济和范围经济的要求；采取积极措施，开拓渠道，深度立体地开展产品和品牌的营销推广，加强对渠道的渗透力；加强对作者和版权资源的管理，掌握内容资源以不断增强自身的文化创造力；通过各种手段不断增强并扩展自身的核心竞争力，抬高产业的进入门槛，尽可能地阻挡潜在进入者的渗透，并有效应对它们的挑战；正视数字化的挑战，认真思考图书出版业今后的生存和成长方式，探索并重新确立自身的定位，充分运用数字化的技术，在新的产业领域获得发展的机遇。

根据对上述问题的综合分析，我们可以将其中影响出版企业发展的关键性要素梳理出来，概括为三个方面：一是知识创意如何取得并成功转化为人民群众喜闻乐见的文化产品；二是文化产品如何到达消费者那里并有效地实现价值增值，让企业最终获得大于成本的收益；三是面对信息技术一日千里的发展态势，传统出版产业如何实现向数字化服务型产业的成功转型。

由此，我们又可以将现代出版企业的人力资源管理重心识别出来。因为从出版企业的流程来看，对这三种影响产业发展的关键要素起支配作用的人员是有所区别的：从创意到文化产品这一过程中起关键作用的是编辑人员，实现产品销售的关键是营销人员，产业的数字化转型依托的则是既掌握信息技术又熟悉知识管理的复合型人才。当然，统合上述三者并掌握企业发展战略的还有一个关键人群，那就是企业的高层管理和运营团队。由此，根据现代出版企业发展的关键要素，我们将出版企业中对今后发展起关键性作用的人力资本已经识别出来，那就是高级管理人员、编辑、营销人员和部分知识复合型的信息技术人员。

既然出版企业的人力资源管理应该围绕这四个方面的关键性人群来进行，那么正如马克思曾经明确指出"人们为之奋斗的一切，都同他们的利益有关"①，出版企业的公司治理结构及相关的制度设计与制度安排就必须以这四个方面人群的利益为核心。要根据市场的规则，制定并执行有效的人员选聘录用制度，同时根据他们的工作特点，分别设计出既有差异又有竞争力的薪酬体系和绩效考核办法，为他们安排各

① 马克思：《第六届莱茵省议会的辩论（第一篇论文）》（1842 年 2 月），《马克思恩格斯全集》第 2 版第 1 卷上，人民出版社 1995 年版，第 187 页。

种有效的业务培训，按照他们的发展需求分别制定出富有吸引力的员工职业发展规划，从而通过确保他们各方面的短期和长期利益来激发他们的创造力，进而增强出版企业的竞争力。

当然，重视关键人群并不表示一定忽视出版企业中那部分不属于上述范围的人群，对于这部分人群，由于他们基本上都属于市场替代性比较强的，原则上可以按照市场通行的一般规则来进行人力资源的管理。虽然他们不是现代出版企业人力资源管理的重心所在，但是，企业对他们也一定要予以密切的关注。必须在遵循市场规则的前提下，充分结合企业的实际情况，做好人力资源的管理和开发工作，要通过营造良好的工作氛围，构建良好的激励机制，来充分调动他们的工作积极性和主动性。

三、贯彻公平以切实体现人力资源管理的以人为本

出版企业的人力资源管理重心要根据影响企业发展的关键要素来确定，这并不表示企业在对员工的管理中必然存在内部的不公平。

我们说制度的设计应该以企业发展的关键要素为核心

来安排，这里有一个重要的理论预设，那就是企业必须获得盈利才能继续存在，才能继续发展，这也是现代公司制企业出现的缘由。离开了企业的持续发展，所谓全体员工的利益保护工作、员工的发展问题都将是无本之木、无源之水的纸上谈兵，而那也将是一种不协调、不可持续的发展。换言之，我们不能单向度地来理解以人为本，而要在组织发展和成长的前提下来理解和把握真正的以人为本。为此，需要把握好以下几个问题：必须始终坚持以经济建设为中心，聚精会神搞建设，一心一意谋发展；必须在经济发展的基础上，推动社会全面进步和人的全面发展，促进社会主义物质文明、政治文明、精神文明协调发展；必须着力提高经济增长的质量和效益，努力实现速度和结构、质量、效益相统一，经济发展和人口、资源、环境相协调，不断保护和增强发展的可持续性；必须坚持理论和实际相结合，因地制宜、因时制宜地把科学发展观的要求贯穿于各方面的工作。

当然，现代公司制企业在发展进程中，对于公司社会责任的认识已经发生很大的变化。现代公司制企业已经不再以追求利益的最大化为唯一目的，虽然在笔者看来，这至今仍然是维护公司制企业继续存在和发展的一个不可缺少的前提。自 20 世纪以来，企业与社会之间的互动，公司对超越股东而形成的全体相关利益者具有不可推卸的社会责任，这一思想的提出是公司发展史上一场颠覆性的革命，它已经深刻地改变了人们对公司性质的认识。[①]

这里从比较狭隘的角度来论述公司的社会责任，即企业内部的人力资源管理必须做到全员覆盖。企业除了把握人力资源管理的重心外，对于在出版企业工作的所有员工，在进行人员聘用、薪酬给付、业绩考核、业务培训及职业发展规划制定等工作时，也必须拿出覆盖全体员工的一整套制度和办法，并为企业所有员工服务。其中的关键是要贯彻公平原则，切实做到以人为本。

为此，现代出版企业在开展人力资源管理时，应该通过相应的制度设计与安排，全流程地体现公平性。具体体现在四个方面：一是起点的公平，即要为所有员工提供平等的机会与平台，也就是一般所说的机会均等。二是过程的公平，即在企业内部坚决贯彻公平与效率原则，确保员工通过自己的努力而获得回报的过程是公平的，大家参与的过程是平等的，体现效率优先的原则。三是结果的公平，即重视内部

---

① 参见沈洪涛、沈艺峰：《公司社会责任思想起源与演变》，上海人民出版社2007 年版。

分配的合理性，根据员工对企业的贡献大小进行有差别的分配，多做贡献的应该多得到回报。四是确保员工的基本生存条件，即企业必须向员工支付不低于当地最低标准的工资并提供相应的福利，同时也必须给予各类员工如孕期员工、长病假员工等以法律上规定的各种权利和利益。不仅如此，企业还有采取积极的就业政策的责任，还有为每个员工的潜能和能力的发挥提供相应环境和条件的责任。企业要使人各尽其能，各得其所，要努力提供条件培养员工的技能，使员工即使离开企业，到别处就业，也有一技之长。不能让员工在本企业没有岗位，走到社会上后又无法生存，成为社会的负担。如果真的出现这种情况，即使员工自身有很大的问题，企业也脱不开干系。

韬奋精神：
青年出版人的思想火炬[*]

今天我们在此隆重纪念韬奋先生逝世六十周年，缅怀这位伟大的爱国者、杰出的文化战士、优秀的出版家的光辉业绩。韬奋先生的一生是与《生活》周刊等报刊和生活书店的发展紧密地联系在一起的，而他在出版活动中体现的全心全意为人民服务的思想、艰苦卓绝的创业精神、具有丰富创意的出版经营理念都值得后人很好地继承和发扬。

今天我们学习韬奋精神，就是要学习他以强烈的爱国、爱民、为人民服务的精神作为办出版的底蕴，始终保持良好的职业精神和很高的职业热情，全力推进出版事业和出版产业的协调发展。

---

[*] 本文是笔者在纪念邹韬奋先生逝世六十周年大会上的发言稿。刊《编辑学刊》2004 年第 5 期。收入本书时，略作删减。

一、把握时代脉搏、唱响时代主旋律

学习韬奋精神，就要学习他准确把握时代脉搏、唱响时代主旋律的精神。韬奋先生接手编辑《生活》周刊时，该刊作为中华职业教育社的机关刊，内容偏重于职业教育、职业指导和青年修养等，内容单调，无法进入文化市场，每期仅印 2800 份，主要是赠送。韬奋先生以他对社会的了解，认为刊物原先的办刊方针与社会大众的需求严重脱节，主张"要用敏锐的眼光，深切的注意和诚挚的同情，研究当前一般大众读者所需要怎样的'精神食粮'，这是主持大众刊物的编者所必须负起的责任"。从关注大众需求、改造社会这种办刊主张出发，韬奋先生对周刊内容逐步进行革新，更加关注社会的动荡、贫穷、失业等社会政治问题，而这种改变也得到读者的认可，刊物的发行量逐步上升到每期 2 万份。1931 年"九一八"事变后，呼吁抗战、挽救危亡已经成为全民族的要求，韬奋先生及时把握住这一时代大势，将周刊由综合性的大众青年读物转变为宣传抗日救亡、反对内战的时事政治刊物，刊物的发行量激增，迅速达到每期 15.5 万份，成为与当时全国最大的日报《申报》和《新闻报》并驾齐驱的刊物。在《生活》被禁后，韬奋先生又办《新生》；

《新生》被封后，又办《大众生活》；等等。刊物的主编姓名虽更换，但反映救亡图存这一时代主旋律的办刊方针始终不变，而且号角越吹越响亮。正是因为韬奋先生把握了时代发展的大势，唱响了这一时代的主旋律，从而掌握了话语权，主导了舆论的方向，并得到了广大人民群众发自内心的认同，使得他领导下的《生活》周刊等杂志获得了空前的发展，《大众生活》被禁前每期的发行量已经超过 20 万份。

今天我们这些从事出版工作的青年同志，应该好好学习韬奋先生这种准确把握时代脉搏、唱响时代主旋律来办出版的精神，实践好"贴近群众、贴近生活、贴近实际"的原则，这也是今天我们从事出版工作必不可少的一种职业精神和最重要的一种职业素质。因为只有密切关注当下社会变革中的重大理论问题，充分反映广大人民群众的呼声，唱响建设有中国特色的社会主义文化这一时代主旋律，我们的出版工作才能实现代表先进文化前进方向的目标，我们的出版物才能真正占领市场，真正占领宣传舆论阵地，为广大人民群众所欢迎。

二、出版事业与产业协同发展

学习韬奋精神，要学习他把发展先进文化事业和做大文化产业很好地统一起来的精神。韬奋先生于1932年创立生活书店，正处于民族危难之时，他本着为广大劳动大众服务的宗旨，反映广大人民群众的爱国呼声，始终高扬着抗日救亡的大旗，有计划地组织出版各种宣传呼吁抗战的书刊和马克思主义的理论读物，传播进步文化思想，与胡愈之、徐伯昕等人一起，白手起家。虽屡遭迫害，又逢抗战而颠沛流离，但经过艰苦曲折的奋斗，在不到十年的时间里，生活书店从全部员工仅两个半人发展到员工队伍近300人，由仅有上海一个店铺发展到56个分支店布满全国，由仅出《生活》周刊发展到年出版刊物10多种和年出新书200多种的大型文化出版机构，成为当时国统区传播先进思想、发展进步文化的主要出版基地。

在当时的政治经济条件下，如果说占据全国中小学教科书市场的商务印书馆、中华书局等出版机构能够迅速发展壮大并不为奇，那么致力于发展先进文化事业又几乎没有教科书业务做支撑的生活书店，能够有这样的飞速成长简直就是一个奇迹。对此，韬奋先生曾说过一段意义深刻的话："我们的事业性和商业性是要兼顾而不应该是对立的……例如倘若因为顾到事业性而在经济上作无限的牺牲，其势必致使店的整个经济破产不止，实际上便要使店无法生存，所谓皮之不存，毛将焉附？机构消灭，事业又从何支持，发展更谈不到了。在另一方面，如果因为顾到商业性而对于文化食粮的内容不加注意，那将是自杀政策，事业必然要一天天衰落，商业也将随之而衰落，所谓两败俱伤……这两方面是应该相辅相成的，不应该对立起来的。"正是韬奋先生等人妥善地解决了事业和产业发展二者的关系，生活书店才取得了那样的光辉业绩。

今天，我们的出版是为社会主义服务、为人民服务的，肩负着发展先进文化事业和做大文化产业的双重使命，我们应该学习韬奋先生这种两方面相辅相成共同发展的思想，始终坚持以传播先进文化思想为出版工作之本，同时采取各种富有创意的经营办法来不断壮大我们的实力，在不断发展先进文化事业中谋求出版产业的成长，通过壮大出版产业来保障和促进文化事业更好地发展。

三、团结服务好作者和读者

学习韬奋精神，还要学习他始终满腔热情、尽一切所能团结服务好作者和读者的精神。韬奋先生办生活书店时的重要共同创始人胡愈之先生说过："办出版发行首先是要搞好与作者的关系，同时要为读者服务。"所以团结服务好作者和读者是出版工作者职业精神的重要内容，而韬奋先生已经在这方面为我们做出了表率。除了按照业界惯例处理与作者、读者的关系外，韬奋先生身体力行，费心尽力，采取了多种措施团结作者和服务读者。他与作者交朋友，将很多作家请进生活书店担任编辑和领导，又约请众多知名作者在社外为书店编书编刊或为书店撰稿，通过采取灵活多样的办法，为生活书店建立了数量庞大的、思想进步的作者队伍。他又说过，"生活书店可以说是由服务社会起家的"，"只须于读者有点帮助，我们从来不怕麻烦，不避辛苦，诚心诚意地服务"。比如，在接手办《生活》周刊后，韬奋先生开辟了一个"读者信箱"栏目，每天收到的读者来信少则数十封，多则上百封，如此大量的读者来信需要回复，而读者提出的问题又是包罗万象的，有时事、社会问题，也有家庭、婚姻、学习、工作方面的问题，还有医学、法律等专业问题，韬奋先生每信必看，有信必复。后来来信实在太多，韬奋先生一个人无法处理，他就设几个专人和他一起看信回信，重要的回信他仍亲自拟稿，一般的则由专人拟稿，但都经韬奋先生看过并签名后寄出。在处理读者来信的过程中，韬奋先生耗费了难以数计的精力和时间。而正是通过这些诚心诚意团结作者、服务读者、为读者释疑解惑的行动，《生活》周刊和生活书店获得了广大作者和读者的信任，作者和读者又反过来给予杂志和书店以热烈的支持和帮助，使得韬奋先生所要建设的先进文化事业得到了更大的发展。

下 篇

出版供应链管理与改革

大数据支持下的大众图书
备货机制[*]

一、上海世纪出版集团近两年大众图书销售状况

加强对产品结构的优化，提升出版物供应链管理的水平，加强库存管控，降低库存水平，提高周转率，一直是上海世纪出版集团经营工作中极其重要的任务。

上海世纪出版集团的一般图书销售业务主要集中在集团下属的发行中心。15 年来，经过三轮重组，集团下属 22 家出版单位的一般图书销售业务完成整合。发行中心代理销售的产品几乎涵盖了中国图书零售市场的所有门类，不过，整

---

[*] 本文写于 2015 年 11 月。11 月 19 日，中国出版传媒商报社和浙江出版联合集团在杭州共同主办大数据下图书库存管控现场交流会，这是笔者在会上的发言稿，刊《中国出版传媒商报》2016 年 1 月 26 日。纪轶倍同志帮助整理了上海世纪出版集团发行中心的部分业务数据。收入本书时，略作删减。

体上还是以大众图书为主，专业和教育读物为辅，不包括中小学教材和面向机构读者的定制型出版物。

从 2014 年和 2015 年两年集团发行中心总的动销品种近 5 万种的数据来看，22 家出版单位出版的一般图书差异性极大。一是单品的价格、首印数和年净发货量：最高的单品价格超过 60 万元，最低的不到 2 元；首印数高的超过 20 万册，低的只有两三百册，甚至不到 20 套（这里要注意，因为产品定位不一样，印数高的不一定就是真的多，低的不一定就是太少）；单品年净发货量高的超过 150 万册，低的只有数册或数套。二是各家单位的总发进（发货与进栈）比、外内库码洋（在途码洋与内库库存）比、销售内库（开票码洋与内库码洋）比和退发（退货与发货总码洋）率：年发进比大多数单位超过 100%，个别较低的在 80% 左右；外内库码洋比，高的单位超过 200%，低的只有 50%，大多数在 100% 左右；年销售内库比高的超过 200%，低的只有 40%；退发率高的超过 20%，低的不到 4%，集团发行中心总的退发率 2014 年为 15%，2015 年在 12% 左右。

随着中国图书市场的变化，内外库的总量也有一定幅度的增长（最近两年总计增长 10% 左右），其中内库增长相对较小（不到 10%），在途商品的总量增长超过内库的增长

（超过 10%）。因此，加强对产品结构的优化，提升供应链管理的水平，加强库存的管控，降低库存水平，提高周转率，一直是集团经营工作中极其重要的一项工作任务。

二、大众图书供应链管理的关键

对出版社来说，如何提高供应链的整合水平，选择合适的供应链战略，就是经营中必须考虑的一个重大难题。

确定合适的供应链战略，有两个维度需要加以考虑。一个维度是需求的不确定性有多大：对于需求不确定性高的，应该采用根据需求管理供应链的模式——拉动战略，反之，需求不确定性低的，就应该采用根据长期需求预测管理供应链的模式——推动战略。另一个维度是规模经济的重要性有多大：规模效益对降低成本更重要，组合需求高，则应该采用推动战略，根据长期需求预测管理供应链。反之，如果规模经济不重要，组合需求也不能降低成本，则应该采用拉动战略，根据实际需求管理供应链。至于推-拉式战略，则是根据供应链前后不同环节需求的可预测程度，如在面向客户一端，根据实际需求进行，采用拉动战略，在面向原材料采购一端按照预测进行，采用推动战略，二者的接合处就是推-拉边界。

从需求来说，在三大出版领域中，大众出版的需求不确定性最高。就规模经济而论，由于教材，尤其是中小学教材有严格的价格限制，规模效益对于降低成本至关重要；专业出版的规模效益并不明显；大众出版有一定规模要求，它介于专业出版与教育出版之间。

就目前出版产业发展水平而论，教育出版供应链管理应该采用推动战略。因为长期需求可以预测，规模经济要求程度高；专业出版供应链管理应该采用推-拉式战略，因为市场的需求虽然比较稳定，但是单个品种的可实现程度难以准确预测，同时对规模经济要求程度不高；大众出版供应链管理则应该采用拉动战略，因为需求很难预测，不确定性高，同时对规模经济有一定的要求。

当然，实际情况远较上述分析要复杂。由于目前图书分销体系基本上实行代销制，分销商对于大众读者的需求预测很难准确。这就造成图书行业显著的"牛鞭效应"。出版，尤其是大众出版，就成为一个不断试错的过程，出版→进栈→铺货→上架→销售→卖断、补货或退货，要么成功，要么失败。对出版社来说，如何提高供应链的整合水平，选择合适的供应链战略，就是经营中必须考虑的一个重大难题。

三、大数据下大众图书备货机制探索

通过大数据的挖掘和分析，上海世纪出版集团发行中心初步建立了一套印数评估体系和二维首发模型，一般图书的备货机制正在不断完善，供应链战略正朝着组合型的推-拉式战略转型。

根据集团一般图书的特点，结合中国图书供应链的实际状况，集团发行中心建立了综合性的销售管理系统、社店通系统，15年来所累积的"进发存退开回"的详细数据及相应的分析表单成为集团选择供应链战略的重要依据，也是集团一般图书销售的重要战略资源。

一是完全采用供应链的拉动战略。对大套书尤其是大型古籍文献类产品，采取新的按需印刷的模式，有一套订单就印一套；对定制销售的产品也采用按照订单数量印制和销售。

二是采用供应链的推动战略。对于可能产生大销售量的畅销书，在前期市场调研的基础上，根据发行中心铺货的能力，首次印刷就大规模造货和高比例铺货，确保在市场动员产生效果时，销售商可以迅速满足读者的购买需求。

集团发行中心销售的一版一次新书，现在每年会达到

3000多种。其首次印刷数量和首次铺货数的确定，主要通过长期销售数据的分析，建构二维首发模型表（二维指地区和二级营销分类），形成首印图书的印数评估体系。经过多年的磨合，集团发行中心根据22家出版单位的自身要求，按照不同的版别、类别确定相对合理的首发比例，余下部分用于添配。二维首发模型表的建构方式是：第一步从集团发行中心历年数据中提取原始数据，包括生成近两个年度一般图书在各类别、各地区的净发货比例；生成近两个年度初版书从入库开始3个月内在各类别、各地区的发货比例；选取相对比较公开透明的平台数据，如开卷数据，生成近两年各地区的市场发展趋势系数。第二步是计算，对原始数据中的两个比例进行加权平均后，参照趋势系数对结果进行适当调整；对特殊情况，如净发比例为负数，某类只有一本书或者没有图书的情况进行微调；再次微调以确保总盘子的比例，最终生成二维首发模型表。第三步是应用和维护，将二维首发模型表导入社店通系统。当输入某本新书的首发比例后，系统将自动计算各地区的首发数字，同时可以自动匹配每个版别和每个客户的折扣。特殊折扣手工调整，以确保全国各地区的全面铺货。同时，由于市场日新月异、千变万化，二维首发模型表不是一成不变的，需要根据实际情况定期更新维护，保证其准确性、科学性。通过二维首发模型表，适时校正调整各家出版单位新书的首印数。

三是采用推-拉式供应链战略。这主要是针对重印书。对重点图书，包括畅销书和常销常备品种，通过设置"动态安全库存警戒线"，根据出版社的加印周期，近两个月的发、退情况，确定警戒线的具体数字，定期维护，以便确保重点图书不断货。从入库日期开始，一年之内的图书重印时，除了考虑历史发货、退货以外，还要考虑几个主要网店及大中盘的销售情况，根据占比系数，最终确定是否加印及加印数量等。从入库日期开始，一年以上的图书重印时，历史发货、退货情况显得尤为重要。调取三年数据做对比，预估趋势，从而确定是否加印及加印数量等。

关于集团发行回归综合配套
改革的建议[*]

第一，总的方向，大家一致向前看，集团党委已经做了发行回归（即拆分统一管理集团一般图书发行业务的发行中心，由各家出版社自主开展一般图书发行业务）的决策，因此发行回归的综合配套改革方案中不要再谈发行集中或分散的利弊等问题，此类讨论对当前开展的发行回归工作没有任何意义。发行和物流的改革方案要直奔主题，不要穿靴戴帽。

---

* 本文写于 2016 年 9 月 22—23 日。2016 年 9 月，笔者在上海市委党校参加培训。22 日晚，针对上海世纪出版股份有限公司发行中心班子讨论的部分拆分或全部拆分的发行回归方案，以及个别单位先脱离发行中心独立开展发行业务、2017 年 1 月 1 日作为发行回归时点等问题，我和发行中心班子的部分同志通话讨论，并针对有关工作事项，提出原则性建议和意见。时任发行中心总经理的朱旗同志建议我将有关意见以邮件形式发给他，便于他们知晓。此为 23 日上午我发给发行中心班子的邮件内容。发行中心班子讨论后，根据我的建议，对发行回归改革工作做了部署和安排。

上海世纪出版股份有限公司发行中心

发行中心办公室编　　第 33 期（总第 123 期）　　2016 年 9 月 23 日

发行中心总经理班子办公会议纪要

2016 年 9 月 23 日，召开发行中心总经理班子会议。会议由朱旗同志主持，刘瑞刚、毛红文、尹滢、蒋勇、程梨、纪轶信出席会议，李俊、丁家宝、史蓓苓、周翔、顾珏萍列席会议。

会议首先传达、学习了集团党委沪世出委 [2016] 51 号文件，关于《上海人民出版社综合改革发展方案》。

会议宣读了集团副总裁李远涛为今天的会议，而写给中心班子的一封邮件《关于集团发行回归的综合配套改革的建议》。就做好集团发行回归工作谈了五点意见：一、党委已经做了发行回归决策，当下中心应专注于研究发行回归的具体工作，形成发行回归的各项原则（人的回归、账的回归、单据与物的清理和管理），不必在方案中再谈分与合的利弊问题。二、发行回归，物流仍集中，物流以后是一对多的模式，需请物流就分拆后各家出版社的货发得出，退货可以处理这一目标，对信息与工作流程进行研究和测试，并对出版社提出相应需求，只有当各家出版社与物流之间环节完全打通，方能商讨发行回归时点，因此物流的工作方案必须先行。三、中心根据物流对出版社提出的需求，梳理中心现有信息系统、工作流程、内控要点，形成一整套发行工作解决方案，提供给各社在发行回归后选用。四、发行中心内部，总的原则是要研究如何确保发行回归前后不断不乱。（1）要确保所有人员都能妥善安排，并使回归后各家社都能有基本的发行队伍，按照人员来源、现有版权、老中青搭配等原则，先在中心内为各社构建相对独立的虚拟发行团队，当条件具备，发行各条线团队一齐回归各社，不能一家社先回归；（2）按账切割全部账务，特殊版别托管处理，在调查协商基础之上，统一切割时点；（3）按照当前业务的管理，对各个版别各个客户，就业务各环节逐个分析检查，既要确保当前工作的正常开展，又要使回归后可以正常开展工作；（4）统一供应商拆分的问题要认真研究，（5）中心各类资产、档案的整理归类，造册等。五、组建集团层面包括各家社人员在内的工作组，组建中心和物流各个模块的工作团队，列出问题清单，制定工作计划，确定工作机制，最后形成发行回归的工作方案，上报集团研究决定。

会议最后原则决定，从现在起一周内，各职能部门分别拿出书面的发行回归问题清单；各业务部门在梳理客户和账务的基础之上，列出合并账户的客户及拆分账户的可行性意见及工作难点，按版别分列账户的客户，发行回归后各相关社可能存在的问题等，也一并书面报各分管领导。

记录整理：李俊　　　　　　　　　签发：朱旗

图 1　上海世纪出版股份有限公司发行中心总经理班子会议纪要

建议只研究如何执行集团党委决定，配合发行回归各社的要求，梳理出发行回归的各项原则（人的回归、账的回归、单据与物的清理和管理），列出哪些问题需要协调解决，这些问题清单（请大家一定要动脑筋列问题清单，适当的时候要发动各个部门就发行回归提各种问题和建议）解决的时间节点大概是何时，还有哪些问题暂时无法解决，可能存在的损失和障碍是什么等，然后汇总整理，一并形成工作方案，报集团党委研究决定后执行。

第二，此次综合配套改革，是发行回归各社，但物流仍旧是整合的，今后是各社直接对物流，要确保以后各社发行工作的正常运转以及此次发行回归的顺利完成，必须先将以后各社与物流之间的业务流程梳理清楚，确保发行回社后，货发得出，退货能被接收和处理。因此，此次改革，物流改革方案必须先行，物流问题一日未解决，发行一日不能回归。

建议物流公司针对发行回归后，从书卡信息、图书入库、入库信息上传回社、各社给物流的订单如何上传到与物流接口的系统、物流如何接收和处理订单、发货后出库单到社发行系统的回写、退货的清单如何到社并回写到社的系统、样书的领取、其他出入库的处理、物流与发行系统的月末对账等各方面的具体工作流程，提出要求，看各社需要做的工作是什么，具体有哪些。

需要高度重视的是，以后物流是一（物流）对多（各社），针对物流的工作流程、系统、对各个客商的发货或者自提、退货存在的混包以及清单不分等，都要按照工作流程，一个一个环节地开展研究，看存在哪些问题，如何解决。

建议物流首先测试第三方物流功能，确定单位时间处理包件速度，物流需要对分回各社的订单处理工作（23家单位）做一次分析，尤其是按照发行中心历史峰值数据就订单处理情况做一次模拟，看效率如何，成本如何，检验是否能满足业务的正常开展。物流还需要研究以下这些问题：书卡信息多个来源，客商信息一致性的保证，多来源发行清单的读入，发货单的回写，退书单编码的确定和拆分，多目的服务器的传送，储位如何安排，工作流程如何设定，整合前与回归后的过渡原则，与出版社、客户、物流等确认数据切割的时间节点的确定等，这些工作何时可以完成，等等。

物流公司所做的所有准备工作，其最终的目的是确保书能入库发货、退货能确认到社，物流对各社图书可以分出版别。

第三，发行中心在物流提出对各社发行要求的基础上，根据中心目前的信息系统和工作流程，整理书卡信息上传、发行系统、社店通、自动转单、清单拆分、EDI 对接等主要的系统模块，以及工作流程手册和内控要点，为回归的各社发行提供一整套满足以后物流公司需求的解决方案，同时包括与客户对接的方案，为各社发行回归提供服务。至于各社怎么做，由各社班子和筹组社发行的同志决定（此事可以形成一条原则，交集团党委研究决定）。此方案完成后，需要物流系统做一次模拟操作，运行顺畅，方能谈发行回归。

第四，发行中心内部，总的原则：为保证回归前后不断不乱，需要按照回归后的版别开展前期的组织调整调研和权责分解。我的建议是发行回归工作，必须方案齐备，所有版别与业务分割同时开展，不能部分单位先回归。

要确保所有人员，都能妥善安排。建议按照哪里来回哪里、兼顾现有版别的原则，各社均有骨干和熟手的原则，老中青搭配的原则，内退人员、待岗人员、三期女职工、退休人员妥善安置的原则，等等。建议先在中心内将人员和业务分成各个版别条线（需要请示集团，除人民社外，其他版别是哪些，才能做方案。可行性如何，需要大家讨论），既要保持目前的统一集中，又要便于以后各条线队伍的回归。[①]

回归后的账务处理原则：全部切割，不管坏账还是正常的账，哪个单位的就切割回哪里；动画大王公司等几家特殊单位，建议用出版社托管方式处理。还有要注意锦绣文章出版社账套中有咬文嚼字公司和故事会公司的图书，客户那里没有区分，我们自己在发行系统里区分的。各版别对客户的折扣，跟随现有各版别的客户折扣，回归到各社系统中。年底的结账返点等，提前做好分析。

需要考虑的是，发行回归，年底年初如何开展对外客商函证工作（合并的，分版的）；数据切割的方案是什么，何时开始测试；多个发行部门各自发行系统各个单据号的编码规则如何确定；新增客商信息如何保证统一；拆分后退货退错的处理方法；社店通需要保留的话，如何修改；等等。

按照当前业务的管理，对各个版别各个客户，就发货、退货、开票、应收、预收、回款、外库等情况逐个进行梳理（包括网站的多户头，如主户、包销户等），一方面确保当前工作的正常开展和年度任务的顺利完成，另一方面要为回归

---

① 对发行中心 140 位（包括班子成员）员工的分流原则，我在 2017 年 3 月 6 日发行回归综合改革人员分配方案公布大会上的讲话中概括为"家家（涉及回归的每家出版社）有队伍、人人有去处、业务可延续、发展有潜力"。

后可以正常开展工作提供前提（比如外库负库存、退货未处理、红字发票问题，等等）。整理发行中心目前已经合并账户的客商名录，一方面梳理了解情况（数据、各版别、工作流程、客户那里的管理方式、客户的意见，等等），另一方面综合各方意见，研究制定今后的解决方案。

制定工作方案，开展前期调研，按照块面和条线，对人员档案、客商（资料整理）、资产、税务、法律纠纷、档案、合同、各类工作文档等，整理造册，梳理归类并解决各种问题，便于以后开展工作。发行中心的工会经费单列、党费单列。

第五，组建工作队伍，制定工作计划，推进此项工作。成立集团层面的领导小组，发行中心的领导小组及人事、信息、业务、制单、财务、法务、纪要等工作组别，物流公司的领导小组及信息、业务、财务、纪要等工作组别。制定整体工作计划和周期性的工作推进计划，定期召集会议，定期公布简报。

关于集团发行回归改革
工作路径的思考[*]

  按照中共上海市委深化上海世纪出版集团改革发展的总体要求，集团于 2016 年 9 月启动发行回归综合改革。

  集团发行中心班子按照部署，开始制定发行回归方案，目标是在 2016 年底先将部分单位发行业务从发行中心独立出来。方案涉及的主要问题有：个别单位能否先于其他单位脱离发行中心并率先独立开展一般图书的自办发行业务；可否采用前后台（发行业务员与后台结算管理人员）分离形式拆分发行中心；可否将发行中心外库和应收账款打包封闭管理，从而另起炉灶将各社自办发行筹办起来；集团的图书物

---

* 本文是笔者为 2016 年 10 月 26 日上海世纪出版集团召开发行改革领导小组和工作小组会议准备的讲话稿。本文写作过程中，钱玲玲、陈淳睿、周翔、黄镇波、朱金辉等同志提供资料并提出修改建议。

流中心能否迅速从统一集中的供应商物流转变为多货主的第三方物流；发行回归前应着手解决哪些关键难题，回归的具体工作路径如何设定；等等。

我在思考上述问题的过程中，结合调查研究，听取各方意见，就发行回归改革涉及的关键问题进行梳理，提出物流配套改革先行、信息系统重整重构、客商账套务必拆分、各社发行同步回归等意见，并在此基础上提出集团发行回归改革的工作路径、工作步骤和工作要求。

一、发行集中模式下的工作信息流

集团发行回归改革涉及出版发行整个供应链的各个环节，主要涉及四大类主体：出版社、发行中心、物流、客商。目前，这四大类主体之间的业务活动高度依赖信息交换方式来开展，而集团处理它们之间信息交换的各类系统是通过十多年的持续努力才建成的。

1999 年 9 月，集团进行第一次发行整合，成立世纪发行中心，五家出版社发行人员合署办公，从过去按社开展业务转变为按全国 20 个地区开展业务，架设局域网，采用的是 DOS 发行系统。

2001 年 8 月，新版世纪发行系统启用，五家出版社的发行数据合并在统一账套里开单，集团图书发行系统从局域网进入互联网。同年，集团与台湾秋雨物流公司合资成立世纪秋雨物流公司，运用网络传输和通信技术，采用自动化控制、自动化 DPS 拣货作业设备和自动流水线，建立了集团的现代图书物流。自此，集团的发行物流拥有了统一信息平台，以电子信息流方式实现信息交换的技术，在出版社、发行中心、物流、客商之间逐步应用和推广。

2006 年 1 月 26 日，国家新闻出版总署发文颁布《图书流通信息交换规则》行业标准（《中华人民共和国新闻出版行业标准》，CY/T 标准 39-2006），自 2006 年 4 月 1 日起在行业内实施，目的在于促进中国图书出版发行供应链之间的信息交换，通过完整定义图书商品信息及图书商品在流通各环节中的信息交换内容和规则，规范图书出版发行供应链中各企业信息系统的数据接口，使企业间数据库能以标准格式相互提供所需数据，以达到整个出版发行供应链、信息链异构系统的数据传输简单化。

根据国家新闻出版总署的这一工作部署，集团组织信息部（现保障技术部）的同志在原有信息系统基础上，通过与浙江省新华书店等主要业务合作伙伴的共商共建，搭建社店通系统，构建了从出版社到发行中心，从发行中心到物流和客商，从物流和客商返回发行中心，从发行中心返回出版社这样一个全新的信息系统。这一系统与集团世图物流公司的WMS系统及世纪发行系统、世纪出版过程管理系统（出版社印务系统）、用友ERP一起，形成集团发行集中体制下的上下游信息平台。

集团从事信息系统模块建设与管理的人员有多位，其中主要人员的分工如下：集团保障技术部的黄镇波负责书卡信息采集（社店通图书信息上传系统编写人，搭建集团FTP服务器），钱玲玲负责社店通（社店通主系统编写人）；发行中心的周翔负责世纪发行系统（世纪发行系统的功能增加与维护，发行与物流之间数据信息的导入与导出，发行与客商之间数据的导入与导出，上下游数据的对接）；物流公司的朱金辉负责世图物流WMS系统（物流仓储管理系统的日常管理与运行）；集团保障技术部的陈淳睿负责集团近年上线的ERP信息对接（用友在ERP系统内搭建了接口，自动传写书卡信息到集团FTP服务器）。

这里分模块，概要介绍现有集中发行与物流的工作信息流。

1. 产品入库

各出版社出版科的印订施工单审核完成后，信息系统（原世纪版出版管理系统、用友的 ERP 系统）自动采集相关数据，生成统一标准的 XML 格式的图书与出版信息文件（ERP 全流程上线的八家单位数据库在集团，自动传写书卡信息到集团 FTP 服务器；其他的第一和第二次发行整合单位用 VPN 方式；第三次发行整合单位用互联网自动上传集团外网 IP 地址，再由集团的路由器端口映射到 FTP 上），定时自动上传到集团保障技术部的 FTP 文件服务器，触发数据交换处理程序将 XML 文件中数据导入发行系统数据库，生成准书卡。物流收到进栈实物图书后，先核对印刷厂的五联单和实物，通过 FTP 将版权页照片上传，发行中心根据物流上传的版权页照片，核对确认书卡信息，生成正式书卡，由数据交换程序产生 TXT 文件并自动上传到 FTP 服务器给物流，同时为社店通客商自动产生商品 XML 文件。物流收到正式书卡后，核对书卡信息，确认无误后，上架实物，生成对应的入库单信息，将 TXT 文件上传 FTP，自动导入发行系统。发行中心根据物流的五联单和物流上传的入库信息，审核确认，生成发行系统的销售库存。

2. 新书主发

社店通系统收集到各出版社上传的图书出版信息后，将近期进栈新书信息转发到有数据接口的各个渠道商（主要是三大网店、浙江省店、新华文轩等）。发行中心营销管理部根据出版社新书首发建议，填写计划日期、首发率、限发地区、要点提示、成套发售等内容，形成新书首发计划，提供给客商。发行中心收集客商反馈回来的电子订单，经业务员审核，将发货数量、折扣、采购单号导入或录入主发系统。在实物入库、发行系统内销售库存生成后，制单室根据采购单中的客商编号，按首发日期的批次自动转单成为发货单（业务员一个月做两次首发计划，制单室每周做一次新书首发，省去人工录入环节，能保证入库新书在第一时间内发货）。制单室启动发行与物流的信息交换程序，挑选各发货单，形成一批次，自动产生发货 TXT 文件，上传 FTP 给物流的 WMS 系统。

3. 添配处理

有三种方式：第一种方式是发行中心自动接收社店通客商采购 XML 文件，产品编号是发行系统里图书的唯一编号，自动导入后生成采购单。第二种方式是发行中心业务员接收客商采购单 XLS 文件，确认数量和折扣后进行导入，导入时，根据"ISBN+定价"或"条码+定价"，与库存匹配，形成采购单。上述两种方式的采购单生成后，发行中心制单室根据采购单号、客商号，进行转单，形成发货单。第三种方式是发行中心制单室接收手工书写的纸面形式采购单，主要针对牛津英语教材和教辅、网店包销定制、音像制品等，手工录入发货单。发货单完成后，发行中心制单室启动发行与物流交换程序，挑选各发货单，形成一批次，自动产生发行发货的 TXT 文件，上传 FTP 给物流 WMS 系统。

从发货单的数量来看，2016 年 1 月 1 日至 9 月 30 日，发行中心发货单据总数 351979 笔，总细目数 2381082 条，总册数 34945921 册，总发货码洋 1348316769 元，其中自动转单的单据数占到 66%，总细目数占 77%，总册数占 46%，总码洋占 52%。

4. 并单

因为很多客商已经把世纪出版作为一个统一供应商，同时为节约物流成本，发行中心在新书主发和客商添单的处理上，采用了并单处理，将同客商的各版别订单合并，生成一张清单通过发行物流接口系统，传给物流 WMS 系统。

5. 物流发货

物流 WMS 系统定时截取接口系统中待处理的发货清单。对于每周一次的新书首发，在物流公司一楼的重型货架区（A 区，新书暂存区）使用 RF 枪拣货。对于客商添配，物流人员选择当前要处理的多客商多批次发货清单，由 WMS 系统对这批清单需要补货的数量、产品所在存储位置、补货出库的先后次序进行计算，并计算安排拣货的动线，包括清单的装箱组合、每家客商此批发货清单的件数预估和自动流水线下行流道的运行方向。整个截单工作结束后，系统自动补货，立库出货后，人员分拣上架，补货上架完成后，按区域进入 CAPS 拣货程序。拣货人员按照电子标签（二楼的 B 区，存有 12000 种图书）拣货，图书通过自动流水线流下；在一楼重型货架区（A 区）通过 RF 枪拣货；在二楼小量区通过 RF 枪拣货（C、D 区，C 区为缓动品，目前存有 15000～16000 种图书，D 区为次新书区，存有 40000 种图书），预先通过电梯运至一楼打包区；打包区人员将自动流水线流下来的从 B 区拣选出来的图书，和放在一楼的从 A、C、D 区拣选出来的图书，并箱打包、打印装箱单和贴头等，放入出货暂存区栈板上等待集中发运。等运输公司取货出发后，物流的 WMS 系统将拣货发货信息（出库单）通过接口系统自动回告发行中心的世纪发行系统（如有发缺，信息也一并上传回写）。

6. 退货

发行中心前端有三种处理方式：第一种是社店通方式，发行中心自动接收社店通客商退货 XML 文件，产品编号是发行系统中的唯一编号，自动导入后生成客商退货单。第二种是电子表格方式，发行中心业务员接收客商 XLS 文件退货单。第三种是等待客商退货包内随行的退货清单。当物流收到客商退回来的实物后，在规定时间内完成分拣，分成新书、次新书、废书，归入不同区域，完成系统和实物的上架，产生退货 TXT 文件，上传 FTP。同时，物流打印物流退货单，附上客商退货单交发行中心制单室，再转交业务员。发行系统自动导入物流退货 TXT 文件，产生物流退货单。夜间系统自动填入折扣。业务员对客商退货单和物流退货单进行审核并报批处理途损后，制单室调出物流退货单，转单生成发行退货清单，并审核确认出库，此时业务员可以开票。

7. 对账、开票、回款

业务员根据发行系统内的发货清单、发货回告单、发缺单、客商实际收货情况、客商的实物退货单、物流系统上传的实收退书单，与客商沟通对账确认（涉及拆单结算、修改折扣等），制单室根据开票要求进行清单拆分处理，发行中心的财务在发行系统中开票并通过税务局金税系统开具发票。在实现销售后，业务员催款。到款后，财务在发行系统内根据发票和实际到款在发行系统内进行冲账核销。

此外，2016年初开始，集团根据网络书店的需要，发文推进各社全面开展主要为网络书店销售所需的新书信息收集和上报工作。其流程是由出版社按照统一的模板对新出图书的信息进行整理，将图片、内容提要、广告语、目录、精彩书摘等添加到电子表格中，然后将电子表格发给集团发行中心，发行中心营销管理部接收、合成、上传到局域网上，供各个销售部使用或传送给客商。而最重要的是发行中心网络部安排了员工做网上信息上传，保证几家网络书店上各社图书的页面信息在图书开售之前就能完整地呈现出来。至于更加完整的图书信息数据的采集工作，之前是由上海图书公司给集团的新书做 MARC 数据，目前是浙江省新华书店和上海的新华传媒给集团的新书做 MARC 数据，并将数据返回集团发行中心。当客商需要此类信息时，发行中心就可以提供，这对做销售工作有一定的帮助。

二、发行回归后工作信息流需要重构

不论是发行整合还是发行分拆回归，需要解决的核心问题主要有两个：一个是信息的标准化、自动化、互联互通问题。这次发行回归，因发行中心将不复存在，而世图物流公司沟通上下游，居于中枢，因而成为此后流程再造时信息需求的核心。另一个是客商这里的业务对接问题，包括集团到这些客商那里开新账户、关老账户，协调各社对接客商的采购、信息系统、物流、财务等业务模块。

在发行整合前，集团各出版单位在发行工作信息流方面的状态是以手工制单为主，出版社、物流、客商三者之间，从书卡信息、订单、退单，到开票、到款销账，基本上都靠手工处理，主要是通过派人员送达的方式完成信息传递。

发行整合后，形成了前述的工作信息流。发行整合是信息先行，客商先行。这次发行回归和分拆，按道理也应信息先行，客商先行。这里以手机应用为比照，第一次发行整合，先建立的信息平台，相当于将通信协议统一，建立基站，使手机可以联网通话。第二次、第三次发行整合，相当于扩建基站，将新手机联网。这次发行回归，相当于拆除原基站，那么新基站如何建立，新基站和统一的通信协议如何处理，需要各家出版社一起来考虑，并要有可操作的方案。因为各社早先的独立发行是没有这个统一的通信协议和基站的，现在基站拆除了，要保留原有信息传输的方式，操作上很难顺畅实现，从而极有可能回到发行整合前的手工单据状态。但集团的现代化物流很难接纳和处理数量如此庞大的手工单据，同时近年来外部市场环境发生了很大的变化，重要客商的采购订单都已电子化并要求快速响应，且往往有下单频繁、单张订单品种数多的特点，手工制单工作量大且无法满足客商快速响应的要求。

因此发行回归改革，必须搭建新的通信平台，采用新的方式处理统一的通信协议，重整重构出版社、物流、客商整个供应链的信息系统。

三、发行回归改革工作的路径

按照集团成立发行回归综合改革领导小组和工作小组的通知，发行中心制定并组织实施发行回归具体工作方案，世图物流公司负责制定并组织实施物流配套改革方案，集团发行回归工作小组负责审核和协调处理发行回归中涉及的重大问题，集团发行回归领导小组对发行回归的方案等做出最终的决定。

目前发行回归的大方向已定，但仍有一些与发行回归相关的出版单位改革方案未出台，因此还需要集团进一步明晰方向。

同时，集团发行回归改革工作涉及出版发行整个供应链的各个环节，分拆工作有其自身的先后次序，所以发行分拆的步骤必须环环相扣，不可本末倒置。在发行分拆的过程中，即便我们大家考虑得再周全，也必有思虑不周之处，其间肯定会出现各种大大小小的状况，会产生一定的损失。

这里结合前期的调查研究和思考，建议逐项研究确定以下事项，便于各个块面尤其是发行中心推进回归改革所涉及的各项具体工作。

1. 分拆方式

发行回归有两种方式可供选择，第一种是全部分拆回归各社；第二种是前后台分离，前端销售业务回归，后端信息和结算平台保留。发行中心将在近期调研的基础上，尽快提出方案供集团发行回归改革工作领导小组作出决策（按：集团党委最终决定全部彻底拆分）。

2．版别组合

发行中心代理的 22 家出版单位，在集团各家出版单位的改革方案出台后，归并为哪几家，必须确定后才能继续做发行分拆方案。由发行中心管理的已歇业的动画大王公司等几个版别账套，需要确定其未来的托管单位。此外，7 家由分公司转为子公司的出版社，最好是在发行回归之前完成分转子工作，这样在客商那里直接开设子公司账户，否则，发行回归后，从分公司变为子公司的这些出版社还需要在一些客商那里再做一次关老账户、开新账户工作。

3．方案论证

发行回归方式确定后，发行中心据此继续做发行回归调研和具体工作方案；世图物流公司做物流配套改革方案。

建议物流公司针对发行回归后的书卡信息制作、图书入库、入库信息回传各社、各社给物流发送订单、物流接收和处理多货主订单、物流拣货单回写到各社发行系统、退货清单回写到各社发行系统、样书领取、其他出入库的处理、物流与发行系统月末对账等，理出需要解决的问题清单，制定配套改革方案，逐项研究并解决。物流公司所做的所有工作，其最终目的是要确保发行分拆后各社图书能入库发货，退货能确认到社，物流对各社图书可以分出版别。

4. 人员分流

对发行中心人员的分流安排，由集团组织人事处制定分流的原则，以便发行中心做人员分流方案。目前集团组织人事处正在进行研究。发行中心领导班子成员除朱旗同志已经有任命外，其他班子成员暂时不定去向，等发行中心其他人员分流方案确定，在发行业务回归出版社前，最后由集团党委讨论安排，在集团内安排岗位，这样做便于保持发行中心人员的稳定，也便于人员的分流安置。发行中心在做人员分流方案时，需要和各社保持紧密沟通，方案最终由发行回归工作领导小组和集团党委来决定。另外，此次分流不启动内退等特殊的人员分流方式。

5. 系统验证

根据发行中心目前的工作流程，发行中心整理发行业务的工作流程手册和内控制度；根据发行中心目前的信息系统、集团、发行中心和各社的信息工作人员，重整世纪发行系统，重构社店通等系统，为发行回归各社提供应用服务。

出版社针对回归后的各项信息需求，会同有关部门，共商解决方案，开展社店通等信息系统和发行系统的搭建。系统搭建完成后，出版社、发行中心和物流公司一起来测试并验证未来的独立发行方案，为发行回归各社奠定基础。

6. 接收准备

各家出版单位针对未来分流到社的人员，指定专职领导，负责制定本社发行营销组织工作方案，开展本单位发行营销队伍的组建工作，完成办公场所安排及服务器、电脑宽带设备、电话、传真等办公室设施的配置准备工作，会同发行中心做好业务人员的培训，开展本单位内部发行管理制度的建设，做好未来发行回归人员的岗位薪酬测算等，为发行回归做好准备。

7. 分拆过渡

大家知道，今年的"双11""双12"即将来临，这个时候我们主要的客商最为繁忙，他们一般都要忙到12月中下旬。同时，年底年初每家单位和客商都在忙盘存、关账、考核分配和出年报，开展年报审计。在这个时候，客商和我们自己都很难抽出大量时间，来讨论研究并解决集团发行回归改革的具体工作。而此次发行回归改革，客商那里至少需要五个方面的人员来配合支持我们的工作，即信息、采购、物流、财务、法务人员，同时需要领导来推动协调，因为针对集团的发行回归改革，客商的业务模式和人员安排也需要做相应调整。集团各社的党务、人事、财务、出版、市场、信息、法务人员，还有领导同志，均需要加入本单位发行回归改革的工作队伍，开展调查研究，组织实施发行回归改革方案。

发行回归改革最好的工作路径实际上是发行整合的逆向操作。发行整合可以先做人员合并，再做客商和发行中心这里的账套合并及仓库整合，因为有发行中心承接所有事务，进入的是已经建成的统一发行、物流和信息平台。由于发行回归改革后没有了统一的承接单位，客商那里的账务问题必须先解决或者有解决方案并有协议文本，所以应该是先建立回归后的信息平台，拆分账套，最后做人员分流。

根据 2016 年 10 月 17 日发行中心系统的统计，发行中心目前仍有业务往来的 879 家客商（不包括销售零部的客商），完全合并账套的有 455 家，部分合并账套的有 89 家，账套完全分开的 335 家；879 家客商，总的外库实洋 66777 万元，其中完全合并账户的实洋 37529 万元，占 56.2%，部分合并账户的实洋 14579 万元，占 21.8%。因此，账套分拆工作是发行回归改革中极为艰巨的任务，甚至有可能成为一项长期工作。

但是目前发行中心人心思变，而集团改革时间表上给发行回归改革定的时间特别紧急。根据现状，建议集团各社和发行中心、物流公司一起来研究，将回归工作分成三步走：第一步前后台分拆（先拆分前端业务，实现发行中心内部分版运行，外部延续统一账户；制定并实施发行中心的人员分流方案，确定班子之外的员工去向）；第二步在客商那里建新账户，拆分账套，关老账户，实现出版社、物流和客商之间整体贯通的分版运行；最后一步是进行数据和人员的迁移，包括劳动合同和工资社保关系的转移。

具体来说，即在发行中心人员分流方案确定、人员去向已定后，发行中心人员的办公方式及发行中心的运作方式保持不变，通过与客商沟通，开新账户。待各社独立发行队伍组建完毕后，仍继续在发行中心原地址工作，合署办公，然后统一时间节点切分系统和账套（最好选择当年业务淡季做这项工作；出版社在此期间调整造货的节奏；此前发行中心和物流必须处理完所有的待出库状态的清单和退书单），统一启用新账户，继续结算、清理老账套。各个出版单位的独立发行开始试运行，其间各社可以派驻一部分以后准备从事发行工作的本社员工，学习、接手发行业务，互相帮助学习。在人员统一回到各单位办公前，建议发行中心原有人员的工资关系不转移，等统一时间节点转移，也给各社做岗位薪酬测算留下一段时间。待条件成熟，运行平稳，各社发行数据和发行队伍迁移回本单位。

8. 留守服务

发行中心分拆后，根据财务和业务情况，可能需要留一些财务人员，清理一些遗留的疑难账户的账务，销老账户的发票，同时提供各类财务业务档案的查核等服务。

四、发行回归改革的职责分工

关于发行回归改革各项职责的分工，建议：发行中心负责制定发行回归改革的具体工作方案并组织实施；世图物流制定物流配套改革的工作方案并组织实施；各社制定本社发行营销的筹组方案并组织实施，同时，请各社与发行中心和物流公司保持沟通联系，共同会商论证方案；集团发行回归改革工作小组对发行回归改革工作方案、物流配套改革工作方案进行审核，协调处理一些发行回归改革的具体工作；集团发行回归改革工作领导小组审议改革方案并做最终决定。

端正思想，认真做好发行
回归改革工作[*]

　　昨天（2016 年 10 月 26 日）集团召开发行回归综合改革领导小组和工作小组会议，我准备了一篇讲话稿，主要围绕四个方面谈了我的思考和想法。今天我着重就发行回归改革下一步的工作步骤，以及一些大的、方向性的考虑，谈谈我的意见，帮助各位做好具体分拆和回归工作。

一、正确对待改革

　　世纪出版集团这么多年一直走在改革的道路上，无论是被动还是主动，都从未停止过改革，很多人的岗位在历次改

---

* 本文是笔者在 2016 年 10 月 27 日上海世纪出版集团召开的发行回归综合改革动
　 员大会上讲话的录音整理稿。收入本书时，略作删改。

革中不断变化。

上海世纪出版集团成立于 1999 年 2 月，当时包括 5 家出版单位和上海图书公司，1999 年 9 月组建了发行中心，2000 年从上海出版物资公司购买了仓库，2001 年与台湾秋雨物流成立了世纪秋雨物流公司，将集团五家出版社的发行和物流进行集中管理，这是集团内部关于发行、仓储、运输的改革。

2003 年，全国文化体制改革启动，当时隶属上海市新闻出版局的 7 家出版社被划入上海世纪出版集团，集团进行了一次扩容。2004 年，隶属上海市新闻出版局的另几家专业出版社成立了上海文艺出版集团。两个集团成立以后，按照上海市委的要求，有各自的发展工作路径，世纪出版集团可能合的方面多一点，文艺出版集团则以专精特新、裂变式发展为主。

2005 年 11 月，上海世纪出版集团整体转企转制，原集团基本上成为一个事业壳，集团主要的经营性资产通过审计、评估和战略投资者的进入，组建了 7 亿元股本的上海世纪出版股份有限公司，员工的身份得到了一次重大转换。

2006 年起，集团在青浦文新报业的综合运营基地开始建设新的现代化图书物流基地。2008 年，发行中心先合并新进入集团的 7 家出版社中 2 家的一般图书发行业务；2009 年 10 月到 2010 年 1 月，合并了余下 5 家的仓库和一般图书发行业务，发行中心全体整合，在世纪出版大厦 12、14 层集中办公。

2011 年 6 月，上海市委决定文艺出版集团和世纪出版集团重组，成立新的上海世纪出版集团于 2012 年 8 月正式宣布新的领导班子，12 月完成两个集团本部人员的合并、重组。2013、2014 年我们做了大量工作，把文艺出版集团和 2013 年划入的原属精文公司的长江公司、外文图书公司、新闻出版发展公司主要的经营性资产经审计、评估后，与世纪出版股份公司做了对价，注入股份公司。2014 年底，上海世纪出版股份有限公司重组后的年报正式启用。2015 年 1 月，文艺出版集团和外文图书公司等 47 家单位启用了世纪出版集团原上线用友 NC 的 HR 系统和财务总账系统，集团所有财务科目统一规范，集团可以实时看到每一家单位财务所做的任何一笔账目，这是集团在管理体系上的重大变化。

这些年来，集团推动和实施了一系列的改革，世纪出版集团的重组、文艺出版集团的重组、转企改制、发行的重组、物流的建设、两个集团的合并、资产的重组，以及内部信息化平台和物流平台的搭建……我们一直走在改革的路上，没有停止过。过去的改革可能是合多一点，今天的改革可能是分多一点。

发行重组本身是改革的产物，在全国具有先导意义。大家要正确对待这次改革，有些时候，多看一点、多学一点是有帮助的。

今年（2016 年）是长征胜利 80 周年。邓小平同志在长征的时候做《红星报》主编，找了几个人挑着铁箱子带着油印机一路印《红星报》，遵义会议后邓小平担任中央秘书长，后来任红一军团政治部宣传部长，主管宣传工作，在毛泽东同志带领下四渡赤水、抢渡金沙江、强渡大渡河、跨越雪山草地、穿过腊子口到达陕北革命根据地。我们党高举着抗日的旗帜，高举着民族解放的旗帜，把革命的火种带到陕北，在陕北星火燎原，最后解放全中国。很多年后邓小平同志的女儿问他："长征你是怎么过来的，你那时候在干什么？"邓小平就回答了三个字："跟着走。"当然，关于"跟着走"，我们的理论家有很多阐释，跟着党的旗帜走、跟着党的道路走、跟着党的理论路线走、跟着理想信念走等，我的理解或许没这么深，但我一直用这三个字自励。

在座 140 多位发行中心同仁，我们要跟着改革走，不仅要跟着，还要走，走对了，我们赢得革命的胜利，走错了，

我们就遇到一些挫折，但必须跟着走。这是我的认识，希望
与同志们共勉。

二、用实际行动来迎接改革

同志们每一天的工作都与集团各家单位的发展密切相
关，发行中心的日常工作从业务层面来讲，包括四个方面：
发货、退货、开票、回款。各个出版社关心的问题是：货发
了没有，退货处理了没有，票开了多少，回款多少，内库有
多少，外库有多少，内库为什么不发，外库为什么不收回，
外库是不是变得很少，还有信息平台、账户的管理，内部一
系列法律文本的管理，等等。

在改革的转换阶段，我希望发货不能停，而且要按照以
往的规则、以往的管理，更加精细化。我给朱旗和发行中心
相关部门的几位同志布置了一项任务，每两个星期要检查中
心所有进栈品种的发货情况，因为之前在合并过程中曾吃过
亏，所以希望大家要有大局意识。在座诸位不管明年被安
排到集团哪家下属出版社，依然还是做发行相关业务，你
今年不种瓜种豆，说不准明年那三分地就是你的。货不但要
发，还要精准地发，不能乱发，我们今后还会考核外库。大

家要沉下心来和客户做工作，不要和客户说"发行中心要撤了""今年你就应付一下"之类不负责任、消极的话。我们要把工作做得扎扎实实，要像过去一样，要把货有效地发到客户那里，盯着上架，盯着销售，没有销售，发出去的书就会原封不动地被退回来。

要加紧处理退货和途损。我查了一下，目前为止发行中心账上未处理的退货有1300万码洋，另外处理途损也要有方案，对此，发行中心是有相关规则的，希望大家抓紧，早一点做，但不能乱做。正式拆分账套之前，未处理的退货必须处理干净。未处理的退货会影响开票，每个部门的总监都要盯着负单，千万不能出现负单不抵，正单抽了开票的现象。长期不处理的、长期未确定的、无名的、无主的退货都要追查原因。

集团党委在讨论的时候，包括昨天在发行回归综合改革领导小组和工作小组成员会议上，领导就一直说到，几次发行整合中曾经出现过有一些单位"踩油门"。这次中心分拆发行回归过程中，开票"踩刹车"不妥当，"油门"也不要踩，要保持匀速运行。从去年到现在，在朱旗同志的狠抓严管下，发行中心整个节奏是比较快的，我希望你们未来仍然保持这样的节奏。开票这一块，一是不能乱开票，二是不能开了票将票藏着，三是不要为了开票，在客户那里搞返点、降折扣。好的业务员基本上年度收款都是有节奏、有计划的。今年的开票，不能出现系统性、全局性的风险，进行小的调整是可以的，如果出现了系统性、全局性的风险，中心的领导班子、发行总监都是有责任的，对发行业务员今后的工作也是有影响的。

目前，发行中心账上还有一批未销的票和一部分预收款，金额不小，在分拆前，以股份公司名称开的票，最好都能销掉，若不销掉，以后还要有人继续留守销账。这一块工作要控制好节奏，烂摊子留给后面的人是不妥当的。

这个阶段大家不要太保守，不要觉得多一事不如少一事，该开拓的客户不开拓，该做的业务不做。做业务没有损失是不可能的，没有坏账也是不可能的，但是要做到可控，我相信各家出版社会理解，集团也会理解。

发行中心在一般书上发得并不差，主要是在畅销书的发行上还存在差距。发行中心是有协同作战本领的，单体未必"打"得过别人，联合起来还是有实力的。发行中心拆分以后，我相信很多出版社的发行部门不会再有前、后台分工，所以在这个阶段，在转换期间，大家要互相学习，互相帮助，你所做的每一项工作，不仅是给别人铺路，也是给自己铺路，不仅是对别人负责，也是对自己负责。到目前为止，今年发行中心发货超过 10 万本的品种有十几种，排在第一位的是《追风筝的人》，有 160 多万册；第二位的是《夏洛的网》，19 元的那一版有 80 多万册；第三位的是《三毛流浪记》，接近 50 万册。但是总的来说，畅销书还是比较少的。整个发行中心的发行系统里有 6 万个品种，其中常销、常动的品种有 4 万多个，大家日常重点管理的大概有 1 万多个品种，销售就要靠这些品种。

我记得《三国演义》开篇语："滚滚长江东逝水，浪花淘尽英雄。是非成败转头空，青山依旧在，几度夕阳红。白发渔樵江渚上，惯看秋月春风。一壶浊酒喜相逢，古今多少事，都付笑谈中。"希望大家用实际的行动面对改革，迎接改革，为自己的以后、为发行中心、为以后的各社发行工作负起责任。

三、正确处理个人利益

放眼全国，发行整合是个案，独立发行是常态；在集团内部，集团的各家出版社，单独做发行是常态，发行整合的时间并不长，发行中心的很多同志都是做过独立发行业务的。除了最先进入发行中心的老五家出版社，其他出版社的一般图书发行业务先后在 2008 年、2010 年、2013 年并入发行中心，直到 2014 年 4 月第三次发行整合完成，正式实现运行，至今时间很短（集团内还有三家专业出版社一直是独立发行）。

发行单干比统管灵活，工作会有很多自由度，有些过去不能做的事情今后都可以做了。比如我们在网络书店就从来没有全品种参加"双 11""6·18"这类促销活动，但是单体社可以做。但单体社发行出问题的也很多，所以各位要做好准备，绳子松绑了，但不要乱来。

发行中心本身是改革的产物，这一轮发行回归改革也仍然是改革的产物。我们党经常讲"为了革命工作而走到一起来，为了革命工作而走到四方"，搞团工作的人也经常说"聚是一团火，散是满天星"，在座诸位是通过多次整合或参加社会上的招聘而成为发行中心一员的，大家聚在一起就是一团火。世纪出版集团的发行中心在业界赫赫有名，在客户那里也赫赫有名，这是各位工作努力而赢得的，这团火不会散，我相信你们会把这种精神带下去，把这种状态带下去，把很多管理理念带下去，为各家社下一步的发展增添动力。尤其是很多出版单位在这一轮改革中提出了"三年翻番""五年翻番"的目标，你们如果通过努力，业绩达标，在"三年翻番"的单位每年至少有 26% 的收入增长，对此，我有很高的期待，相信诸位也有很高的期待。短期内利益受损，但会迎来长期利益的回报。所以要用积极乐观的态度，迎接未来的挑战，迎接未来新的岗位。这把火仍然会点亮，而且会点得更亮。希望发行中心的同志有铁一般的纪律，能够坚守这一轮改革，完成改革任务。

四、改革的路径和步骤

这里，我提八个方面改革的路径和步骤。

1. 回归路径

发行回归有两种路径，全拆或半拆。发行中心班子经过讨论，基本决定全拆，当然这需要集团党委认定，等党委认定后加速行动。

2. 回归方案调研

回归方案确定后，发行中心继续做调研，做具体工作方案。目前在密集地做调研，我们的调查表已经发给了客户，很多客户已经有反馈信息，我们对客户的分账套、合账套、完全分、部分分等也已经调查结束。发行中心搜集整理了 60 多个信息和客户方面的问题，物流公司的刘瑞刚同志也整理出物流方面的很多问题。我们先要把问题理出来，解决掉，才能做下一步方案。

3. 团队组织

对于发行中心的出版社分成哪几个团队，也就是未来诸位会归入哪个团队的问题，集团党委会尽快明确。我向党委提了一个建议，因为涉及分公司转子公司（指 7 家出版社由世纪出版股份有限公司的分公司转制成立为独立法人的子公司），大家还是要做好准备，有的社的发行回归是可以直接转移过去的，有的社则不行，分公司转子公司之后还要再经历一次关老账户、开新账户的过程。分转子工作来得及，那么就一次到位；来不及，将来这些出版社还得再做一次关老账户、开新账户的工作。

4. 人员分流

集团组织人事处正在搜集整理每一位同志的详细资料，会和中心班子商量，给每一位同志安排合适的岗位，会针对每一位同志的实际情况考虑安排，可能会有考虑不周、照顾不全、你们不满意的地方，那只能妥协。但请大家放心，集团和发行中心的班子高度重视人员分流问题，集团党委也明确表示，除了朱旗同志因受命参加"3+1"改革（指集团下属的人民社、文艺社、少儿社 3 家出版社和教育出版板块的综合改革），有重要的工作任务，集团对他先作安排以外，发行中心的其他班子成员，要等到发行中心所有的员工安排好后，再确定去向，并会在集团内统筹安排。发行中心人员分流的方案我们会和各家出版社商量。对于任何一个同志，我没有任何私意，我只是希望你们在顾全大局、完成集团主要工作的基础上，再考虑个人利益，而不是把个人利益放在第一位。另外，这次人员分流方案不会启动内退和其他类似措施，除了留守人员以外全部分派，所以大家做好还得继续站岗、继续战斗的准备。目前发行中心人心思变，我们会抓紧完成这项工作。大家不要急，最近也不要老想着这件事，先把业务做好。你的安排，组织会和你商量的。

5. 物流配套改革

世图物流公司启动物流配套改革，提出信息系统需求。因为这涉及大家的发行工作，我打一个形象的比方，大家今

天在这个灶里吃饭，明天到另一个灶里吃饭，今天吃的是
"大锅饭"，明天吃的是"小灶"，烧菜的灶头不一样了，桌
上的菜也不一样了，但是有一点，端菜上桌的路线还是同
一个。诸位一直使用的工具，以后要怎么用，还能不能用
是需要考虑的。考虑物流配套改革就是希望给大家以后做业
务提供顺手的工具，转换过程中减少障碍，所以这项工作得
抓紧。各家社自办发行的整个系统和业务要反复测试，确保
没有障碍。当初发行整合的时候是上午搬家，下午开电脑制
单、对账、开票，真正地做到了无缝对接。我这里提个要
求，合是有序地进来，分的时候也要有序地回去。我希望各
家出版社能够予以配合，我个人认为这是对各家社利益的最
大保障。

6. 接收准备

各家出版社要做准备，要制定本社发行营销部的组建计
划，要有人员配置方案，要有办公场所，要买服务器，发行
中心的电脑将来贴了标签可以卖给各家社，业务部的电话、
传真都要做一些设置工作。我们的信息系统和网络系统搭建
工作是最基础的工作，建设起来也要有个过程。另外，还要
做内部培训，很多做网店业务的同志没有做过地面店业务，

做地面店的没做过网店，做国有客户的没做过民营客户，做民营客户的没做过国有客户，做管理规范的客户的没对付过那些比较"刁"的客户……你的操作手势会不一样，以后面对的风险也会不一样，所以要做一些培训工作，让大家上岗的时候有充分的思想准备。我希望大家互相之间传经送宝，希望分拆以后你们永远是一个团队。像姚明所说的"we are one"，我们永远是一个，会互相帮衬地来开展业务。这就是世纪发行中心的一种精神，这种精神永远不会消灭。

7. 过渡期

大家知道，马上"双11"就要来了，"双11"期间我们的客户都是24小时工作的，此前一周和后一周，他们都极其繁忙，这个时候跟人家讨论发行分拆，他们是不会接待的，所以我们要在恰当的时候去讨论具体的分拆。我们要找对方至少五个方面的人员来谈，包括采购、财务、信息、仓储、法务人员。将来我们给每家社开户的时候，会遇到具体的问题，都是要签文本的，这应该是由各家社主导来开户，而不是发行中心去开户。可能折扣会有很大变化。所以我们要做很多工作，各家社也要积极配合。

在这个阶段要有一个过渡期，具体来讲就是第一步前后台分拆、人员分拆，第二步拆账套、人员回归，最后一步是人员迁移。集团这一轮改革方案里，很多单位在年底就要组建独立发行队伍了，我们要顺着这个趋势，先把各社发行队伍组织起来。各社的发行队伍组建完毕以后，相关人员仍然在原地址办公，统一时间节点切分系统和账套。系统切分要选择在淡季做，而不能在最忙的时候做。我和朱旗商量，届时出版社要调整造货节奏，在切分的这个阶段不能进来很多书。大家知道，切分前至少要停一个多星期，甚至有可能十天，切分之后也会有个调整期，发行中心和物流必须处理完所有待出库的订单和待处理的退货单，这需要一个过程。最后再启用新账户，关上老账户。我在集团党委会上说发行回归要"关大门、开小门"①，我们现在碰到的问题是"大门关不上，小门开不成"，所以各位就要思考，如何"关大门、开小门"。发行中心还有些空位子，各家出版社可以派人来学习发行业务，等条件成熟了一道回社。

诸位不要急着问明年一月份会不会动工资，这里我明确回复大家，不会动，明年继续由发行中心发工资，但是发几个月，我现在还不知道，这要等朱旗同志的方案。今年大家

---

① "大门"喻指集中发行和客商合并账户，"小门"喻指独立发行和客商分账户。

指标完成得挺好，一定会兑现奖金的，但是我们要留一点，等到大家回去的时候再给，防止你们"猛踩油门"，如果你这样做，对不起，这是要惩罚的，乱做账，也是要惩罚的。我相信诸位都能理解，当然我们会尽快完成这些工作，让大家能够早一点拿到奖金。请相信只要不做错事，都不会少的，但是有一些要延后，至于延后一个月还是两个月，就要看什么时候回去。

8. 留守服务

最后一定会有未了的账务，发行中心要有人留守，所以有一批同志还是要在这里站岗，会有一个很长的过程，这是正常的。

希望大家一条心，一个纪律，一个队伍，一个动作，少出岔子，少出乱子。以此与大家一起共勉，谢谢大家。

关于发行回归客商账户
分拆的意见*

当前，集团的发行回归综合改革正在稳步推进，作为发行回归改革需要重点攻克的难题之一，对客商账户的拆分是一项重点工作。在目前发行中心正常开展业务的客商中，发行中心在客商处的账户是完全合并的客商数占 51.76%，账户部分合并的客商数占 10.13%，账户完全拆分的客商数占38.11%。对完全合并或部分合并的账户进行分拆，对拆分后的账户及目前是独立的账户做三方债权债务转移，以及在客商这里开设各社独立的发行账户，此项工作需要在发行回归之前有序推进并完成。在分拆客商账户的同时，发行中心内

---

* 本文写于 2016 年 12 月 29 日。2017 年 1 月 6 日，上海世纪出版集团发行中心召开全体人员参加的发行回归员工大会，这是我为会议准备的讲话提纲。文稿起草过程中，听取了陈淳睿等同志的意见。

部需要对世纪发行系统、社店通系统的数据进行分拆。

在前期调研的基础上，现提出以下关于发行账户拆分、新账户建立和系统数据切分的意见。

一、账户分拆方式

1. 保留原账户，开设新账户

在客商处保留原世纪股份抬头的完全合并或部分合并账户，发行系统切分、账套拆分前停止发货，只退货，继续结算，直至这个或几个账户清算完毕（切分系统时数据均需切到各社的系统内）。开设 10 个 [①] 或者 22 个（详见第二部分）独立的新账户，启用后成为发行回归后各社的独立发行账户。

2. 直接分账，开设新账户

拆分原世纪股份抬头的合并账户（不论是只有一级合并

---

① 根据 2016 年上海世纪出版集团综合改革方案，集团对下属出版社做分类整合。一般图书发行业务由集团发行中心代理且仍在出版图书的 22 家出版单位（另外还有 4 个停止出版新书的单位），按照集团综合改革方案，最终组合为 9 家"大社"。这里说 10 个，因为上海锦绣文章出版社与上海人民美术出版社重组整合的方案此时尚未出台，锦绣社拟独立开展发行业务。发行回归改革最终的方案是将锦绣社一般图书业务交给文艺社托管。

账户还是有二级账户或者平行管理的分版账户），以此为基础设立新账户，开设 10 个或者 22 个独立的新账户，启用后成为发行回归后各社的独立发行账户。启用新账户的同时，立即清算原合并账户（有二级账户的将清算其一级账户）。

对完全合并或部分合并的账户，拆分的方法有三种：一是客商这里的账面库存虚进虚退；二是客商这里的未结清单虚进虚退；三是客商这里的未结清单在原有分版发货单基础上直接拆分。采用第一种方法，需要客商这里有强大的信息系统和完善的管理作支撑，而且如何处理账实差异将成为一个难题。采用后面两种方法，只是面上数据的简单切割，以后各社的退货、对账可能会产生纠葛。

对目前已经分 22 个版单独开二级账户或平行管理分版账户的客商，在世纪发行系统数据切分前，拆分客商所设原股份公司抬头统一结算的大账户，对二级账户或平行管理的分版账户做三方债权债务转移，通过转移设立 10 个或者 22 个独立的归属各社的新账户。

3. 清算原账户，另开新账户

清算原世纪股份抬头的合并账户，新开设 10 个或者 22 个独立的新账户，启用后成为发行回归后 10 家单位的独立发行账户。对新户的开设，可以根据版别业务和管理需要，全部版别均开户或选择部分版别开户。如果采用这种方式，此项工作应该抓紧。不过，锦绣文章出版社与咬文嚼字公司在多数客商那里是合并账户的，需要研究解决这两家单位合并账户的拆分问题。建议根据客商情况，按照上述三种方式，分户选用，妥善处理。

二、开设新账户的方式

1. 开设 10 个户

将目前发行中心代理的 26 个账户归并为 10 个独立发行的账户。对需要开展社店对接的客商，应该用这种方式处理，即便像新华传媒这样目前已经设立 1 个一级账户和 20 个二级账户的客商，其一级账户也应按照归并的版别分别组合为 10 个新的一级账户，然后做好社店对接工作。对于未开展社店对接，但对原股份公司账户做合并处理的客商，建议这次也在这些客商处开设 10 个新账户，而不是开 22 个账户，这样便于以后电子自动转单、物流发货、结算（否则小版别在客商处会因出现负外库而无法结算）等发行业务工作的开展。

2. 开设 22 个户

对于今后要求完全独立处理各个版别业务的客商，可以沿用原有的 22 个独立账户或者新开设 22 个独立的账户，单独发货、收货、退货、结算。沿用原先 22 个户的，系统切分时需在客商处做三方债权债务转移，签订各社的销售合同；新开设 22 个户的，以后需要采用 10 家单位的抬头开统一的发票收款，签订各社的销售合同，如果切分之前已经启用，切分之前发行中心不能结算。

3. 新户的类型与管理

在发行系统数据分割前，必须完成客商与发行中心内部的开户工作（大部分客商那里的开户工作需要等待 7 家单位分转子工作完成，需要拿到这 7 家单位新的工商营业执照、出版物经营许可证、开户银行许可证、税务登记证正本和副本）。对于新账户何时启用，需要根据账户拆分的方式及业务工作需要，安排不同的时间节点来实施，并要以业务不断、发行系统可运行、物流可运作为前提。

不论采用前述三种账户拆分方式中的哪一种来拆分账户，新开设的账户，仅选择在有限的几家大客商处开设世纪出版股份公司抬头的副户，切分之前就启用，切分后做三方债权债务转移，并在切分时完成世纪发行系统和物流 WMS 系统的客商代码合并工作；在大部分客商处开设的应该是 10 家独立发行单位的账号、税号的新户，原则上只能在发行系统数据切分之后启用，并且需要 10 家单位与客商分别签订销售合同，在切分之前即便有部分客商需要启用新账户，发行中心也不能结算。

不论是开 10 个户还是 22 个户，发行中心和客商双方业务人员均需要做严格的书卡比对工作，防止分账后出现一些版别的产品混淆到其他版别账户的情况，尤其是客商这里原来采用书号对版方式进行收货和入账的，双方更要梳理并更改清楚，否则以后结算将出现大问题。而实施严格的书卡比对工作，将为以后客商的添配自动转单带来更高的满足率，避免错误的版别品种导致客商对相关品种的采购无法实现。

三、对账工作

1. 对大账户的总账

包括外库、在途发货、在途退货、应收账款、预收账款等。

2. 对大账户内的分版账

按照以后独立发行的 10 个户（可行性不大）或分 22 个版别，对大账户进行分版对账，包括外库、在途发货、在途退货、应收账款、预收账款等。

要注意处理书卡混淆的情况，尤其是考虑到采用 ISBN 对照分版做收货和入账的客商，更需要在这次分拆时将各个版别的产品归属梳理清楚。

要注意分版账上各个版别有无负外库现象存在，查出后需要研究并提出解决办法。

春节期间，各项业务均已停止，发货停止，退货停止，这是一个很好的时机，发行中心应布置业务员与各家客商做对账工作。当然这需要核查节前所发的货物，到客商仓库后，需对方收货入账；物流要处理完全部已经收到的退货；要核查有无在途的退货。如能在此时对清双方的总账和分版账，将有利于以后账户的拆分，也便于对只退不发原股份公司老账户的清户。

四、切分账套，启用新账户

1. 制定独立发行的方案，开展人员培训

发行中心人员分流结束后，各社据此制定本单位的发行营销组织方案，完成发行部的内部管区设置、人员分工等工作，安排办公场所，做好回归后人员的合同与薪酬的对接准备工作；发行中心拟定内控方案、业务操作手册等管理文件给各社参考使用，同时需要共同开展业务、制单、结算、信息系统等方面的培训。

2. 开户工作

在发行系统数据切分前，应该完成所有的新账户开设工作。少数客商那里，如果发行中心业务员未能按期完成新户开设工作，则在系统切分后，各社须先完成新账户开设工作，再启动这家客商的新业务。

3. 系统配置

10 家独立发行单位各自购买或提供 1 台服务器，放在集团，由集团和发行中心信息工作人员，在 10 台服务器上为每家单位配置世纪发行系统、社店通系统，做好各家单位的发行部门设置、业务员配置、参数与权限设置。

4. 确定账套切分时间，提前通知客商

确定切分时间，告知各社和客商关于集团发行中心启用新户的时间，在客商提前备货后，发行中心停止发货、停止处理退货、停止开票。告知客商切分后各社发行业务人员名单及联系方式等；集团发行中心内部人员交接客商信息、账务信息等。

5. 切分账套

按照发行中心分 10 家独立发行账户的方式，切分发行系统、社店通系统数据。此时需要：书卡停止上传；出版社停止进栈（部分可以进栈，放在暂存区）；中心停止发货；停止出版社的其他出入库；待出库清单处理完毕；物流退货原则上应处理完毕；中心业务员必须将退货处理完毕；停止开票。此前，发行中心将各单位出版的重要产品发货工作完成，协调当当网、京东网、亚马逊等大客商提前做一次大补货，各社将需要的样书等领回。

6. 启用新户，合署办公

继续在集团合署办公，各社启用新户，办理京东等客商处副户及沿用原先 22 个独立账户的三方债权债务转移手续，开始发行回归后各社独立发行的新业务。统一协调在各社系统内继续结算保留的老账户，信息系统与物流试运营。世图物流需对应处理原账户的合并退货问题，处理新开户的发货、退货、箱签等各种问题。

7. 发行回社

在各社独立发行试运营顺畅，保留账户的对账结算管理工作理顺后，可在系统数据切分、独立发行的次月，将集团FTP服务器迁移至世图物流公司，分批安排各社发行人员搬迁回本社，各社服务器搬迁回本社，各社发行人员的劳资关系和薪酬交接回到各社。各社发出告客商书，告知本社的发行部门办公地点、联系人员、电话、传真等等。

8. 留守服务

发行中心留守人员继续为各社提供保留账户的结算、资料核查等服务。对于保留的原股份公司抬头的老账户，切分时数据分割到各社系统。此前，确定发行回归后负责该账户的出版社及具体的负责人。发行回社后，各社发行人员、结算人员按照人员分工和客商结算要求，由指定负责该客商老账的人员，在各自单位系统内做保留账户的对账工作，协调所涉及的出版社人员，每月统一时间节点在各社系统内对该客商分版抽单（正单、负单。需要注意，发行回归后10家独立发行的出版单位对保留的老账户必须当月同步处理客商的同一批退书单，开票时必须在 10 家单位系统内同步处理完这批退书单），处理差异，分摊好途损，统一时间开具各社对发行中心的模拟发票，然后由指定的负责该客商老账户的人员，携带各社的模拟发票及打印的清单细目（有一部分客商需要），到集团发行中心留守处，处理保留账户的开票结算工作。发行中心留守人员配合支持，按照要求开出对客商的金税发票（附上各社打印的客商需要的发票清单细目）。月末，每家出版社对发行中心开具当月模拟发票合计金额的金税发票。待发行中心收到客商货款后，发行中心留守财务人员销账，并将货款支付给各社，各社对照相应的发票号销账。

集团将制定对保留老账户的管理办法，运用信息技术手段，对保留的老账户账务和各类发货与退货清单进行定期核查，督促各社和相关人员及时处理，有序完成这些保留的老账户的账务清算工作。

关于发行回归账户分拆与
新建的基本原则*

目前，发行回归综合改革正在稳步推进。对于即将大规模开展的客户账户分拆和新建工作，这里提一些具体的工作要求。

一、客户账户分拆与转移的原则

1. 分版账户。目前在客户处的账户全分、未合并，可以按照发行回归后的 9 个版别进行归类的，不涉及合并账户的拆分问题。

发行回归停止业务阶段，需要核对总账与分版账，两个

---

* 2017 年 5 月 10 日上午，上海世纪出版集团发行中心针对部分同志在客商账套分拆和开户工作中存在的一些疑惑，召开专题会议，朱旗同志请我就此问题给大家讲一讲，这是我为会议讲话准备的 PPT 提纲。纪轶倍和黎帼敏同志根据我的要求，整理提供了部分资料。

账均需对平，分版账不能出现负外库或者负的应收。

发行回归停止业务阶段，与客户签署三方债权债务转移协议，将现有的债权债务从世纪股份转移到 9 个版别自己的开票银行户名上，形成新的账户。

2. 保留合并账户。目前在客户处的账户是全部合并、只有一个世纪股份账户，或者是部分合并（指发行中心老五家出版社）、有几个账户的，如采用保留老账户、建立新账户的，这次不涉及账户拆分问题。

发行回归停止业务阶段，需要核对总账与分版账，总账必须对平；分版账也必须核对，争取分版账的差异很小，分版账不能出现负外库或者负的应收，便于以后结算保留账户，直至关闭保留账户。

发行回归后，启用新账户，保留的老账户只结算，可退货，但不发货。

3. 拆分合并账户。目前在客户处的账户是全部合并、只有一个世纪股份账户，或者是部分合并（指发行中心老五家出版社）、有几个账户的。如采用拆分合并账户、建立新账户的，这次就涉及账户拆分问题。

发行回归停止业务阶段，需要核对总账与分版账，两个账均需对平，分版账不能出现负外库或者负的应收。

发行回归停止业务阶段，与客户签署三方债权债务转移协议，将现有的债权债务从世纪股份转移到 9 个版自己新建的账户及自己的开票银行户名上，启用新的账户。

4. 关于对账。

① 中心发行系统账面总额与客户账面总额必须一致。

我方：外库（未结算清单）+ 应收账款（发票数 - 预收款）

对方：未结算清单 + 应付账款（发票数 - 预付款）

② 发行系统各版别账面金额与客户各版别账面金额必须一致。

我方人民（上海人民出版社）：外库（未结算清单）+ 应收账款（发票数 - 预收款）

对方人民（上海人民出版社）：未结算清单 + 应付账款（发票数 - 预付款）

中间状态的发货、退货、在途的发票等，最好处理完毕。

5. 关于债权债务转移。

符合总账与分版账对平这两个条件后，发行回归时发行中心必须与客户签订两个文本：

A. 符合法律程序的债权债务确认文本。

B. 由出版社加入的三方债权债务转移文本。

这两个文本，客户这里的财务、业务一定需要共同参与并分别签署，如果有一方尤其是财务不同意签署，则无法转移债权债务，也就无法启用新账户。如要拆分合并账户，只有两个文本各方都签署完毕后，才能拆分客户的合并账户。

二、关于开户与账套的说明

1. 回归后各版别采用自己的合并账户（方案 A。表 1）。

表 1　回归后各版别采用自己的合并账户

发行系统账套	客户账套	发票税号户	社店通	发行系统财务结算户	ERP财务结算账套	ERP财务分户账套
上海人民出版社	上海人民出版社有限责任公司	上海人民出版社有限责任公司	上海人民出版社有限责任公司	上海人民出版社	上海人民出版社有限责任公司	上海人民出版社
上海书店出版社				上海书店出版社		上海书店出版社
北京世纪文景文化传播公司				北京世纪文景文化传播公司		北京世纪文景文化传播公司
上海远东出版社				上海远东出版社		上海远东出版社
学林出版社				学林出版社		学林出版社
格致出版社				格致出版社		格致出版社
世纪文睿文化传播公司				世纪文睿文化传播公司		世纪文睿文化传播公司
世纪出版集团				世纪出版集团		世纪出版集团
汉语大词典出版社				汉语大词典出版社		汉语大词典出版社
漫动作				漫动作		漫动作

2. 回归后采用客户的原有分版账户（方案 B。表 2）。保持原有的业务分账户不变，客户的财务账户按照集团改革后的大社来命名和进行实际操作。表 2 以上海新华传媒的大人民版（指重组后的上海人民出版社，包括归并入该社发行管理的原发行中心代理的 10 个发行账户）账户为例。

表 2　回归后采用客户的原有分版账户

发行系统账套	客户账套	发票税号户	社店通	发行系统财务结算户	ERP财务结算账套	ERP财务分户账套
上海人民出版社	上海人民出版社有限公司	上海人民出版社有限责任公司	上海人民出版社有限责任公司	上海人民出版社	上海人民出版社有限责任公司	上海人民出版社
世纪出版集团				世纪出版集团		世纪出版集团
漫动作				漫动作		漫动作
上海书店出版社	上海书店出版社			上海书店出版社		上海书店出版社
北京世纪文景文化传播公司	北京世纪文景文化传播公司			北京世纪文景文化传播公司		北京世纪文景文化传播公司
上海远东出版社	上海远东出版社			上海远东出版社		上海远东出版社
学林出版社	学林出版社			学林出版社		学林出版社
格致出版社	格致出版社			格致出版社		格致出版社
汉语大词典出版社				汉语大词典出版社		汉语大词典出版社
世纪文睿文化传播公司	世纪文睿文化传播公司			世纪文睿文化传播公司		世纪文睿文化传播公司

回归后对账户做归并组合（方案 C。表 3）。目前客户的业务账户根据一定的规则适当归并组合，客户的财务账户按照集团改革后的大社来命名和进行实际操作。表 3 以大文艺版（指重组后的上海文艺出版社，包括归并入该社发行管理的原发行中心代理的 5 个发行账户）账户为例。

表 3　回归后对账户做归并组合

发行系统账套	客户账套	发票税号户	社店通	发行系统财务结算户	ERP 财务结算账套	ERP 财务分户账套
上海文艺出版社	上海文艺出版（集团）有限公司	上海文艺出版（集团）有限公司	上海文艺出版（集团）有限公司	上海文艺出版社	上海文艺出版（集团）有限公司	上海文艺出版社
上海故事会文化传媒有限公司	这两个单位根据使用文艺或文化的书号，来对应客户的账户			上海故事会文化传媒有限公司		上海故事会文化传媒有限公司
上海咬文嚼字文化传播有限公司				上海咬文嚼字文化传播有限公司		上海咬文嚼字文化传播有限公司
上海文化出版社	上海文化出版社			上海文化出版社		上海文化出版社
上海锦绣文章出版社	上海锦绣文章出版社			上海锦绣文章出版社		上海锦绣文章出版社

3. 关于开户时的账户组合和回归的工作次序。

① 各销售部门根据各家单位对发行回归后的想法，在方案 A、B 中选择每个客户每个版别的开户方式，最终组合

成每家客户的开户明细表格。据此，携带开户所需的材料，前往客户处开设新账户或者变更原有的账户。

② 方案 C 是针对大文艺版的特殊情况提出的开户方案。

③ 等 7 家出版社分转子工作完成，收齐工商、税务、银行、告客户书及每家客户开户的账套表等材料，确定回归的时间节点及工作进度，先开户，再停业务，再对账，再签债权债务转让协议，再切分发行系统数据，上述工作完成后，开仓发货。

三、关于出版社接收工作

集团发行中心发行系统数据切分后，各出版社核对以下数据，并进行接收：

① 出版社核对进、销、存数据。

② 出版社财务与集团发行中心财务核对应收账款数据及明细，根据资料接收。

③ 出版社财务与集团发行中心财务核对外库数据及明细，根据资料接收。

④ 出版社与世图物流公司核对内库数据（品种、数量等）。

附录
发行回归改革的实施情况

一、发行回归工作时间节点*

　　根据集团 7 家出版社分转子工作的进展，出版社新开户所需相关证照（出版物经营许可证、工商营业执照、银行账号）预计在 2017 年 7 月下旬提交集团发行中心。在前期对发行回归方式充分讨论和论证、系统开发和搭建、数据测试的基础上，根据"利用国庆假期进行系统切分，将业务停顿的影响控制在最小范围"的设想，确定了本轮改革账套切分最佳时点：9 月 25 日停止开单、开票及到款；27 日结账（基准日）；28 日 9 家出版社确认老账数据；10 月 2 日账套切分；

---

*　此为 2017 年 8 月正式印发的上海世纪出版集团《发行回归综合改革具体工作方案》的附件 8。集团发行回归工作严格按照这个计划顺利执行。

10月4日9家出版社确认切分后账套数据；10月5日部分出版社试开单。

围绕账套切分，主要时间节点安排如下：

8月1日—31日，集团发行中心：（1）寄发《告客户书》（根据账户拆分条件，分别提供个性化附件）；（2）完善"一户一策"，尽快确定合账和分账客户名录；（3）完成6家主要客户新开户〔其中三大网上书店启动新、老客户平行方式（新户发货、老户仅处理退货和结算）〕及6家主要客户"社店通对接"（开9家、联系人、代码等）基础性工作。世图物流公司：（1）确定6家主要客户与其他客户业务平行运行期间两套箱签、储位安排、发货与退货不串户等工作；（2）优先处理分户客户退货；（3）2017年所有入库单、退货单、发货单等单据与发行中心对平；（4）完成发行中心库存类型的同步调整。

9月1日—22日，发行中心：（1）完成账套切分期间主要客户货源储备；（2）对合账客户、分账客户作标记；（3）完成主要客户新开户；（4）为消灭中间状态，对部分可以切分的客户提前停止发货和退货（一户一议）。

9月20日（星期三）前，物流公司：（1）完成次翻新业务；（2）停止库存类型转换；（3）完成最后一批退货信息上传。

9月21日（星期四），发行中心：账套切分前完成最后一批新书主发。

9月21日—24日，发行中心：（1）所有挂在发货篮子的信息删除；（2）物流上传退货确认完毕；（3）所有途损、小额差异处理完毕。

9月25日（星期一）中午，发行中心：停止开单、开票、回笼截止。集团保障技术部：暂停"施工单"书目信息上传。物流公司：接收出货信息。

9月26日（星期二），物流公司：拣货、出货，出库数据返回中心。

9月25日—30日，物流公司：（1）停止印刷厂、装订厂收书业务（出版社、收货时通知）；（2）确定退货分版处理、打印清单，上传信息事宜。

9月27日（星期三）中午，结账日（基准日）：（1）物流公司与发行中心对平单据数据（注意中心单据不传物流一块）；（2）发行中心财务部完成所有到款销账；（3）各项单据对平，钩稽关系合法性检查以后，发行中心信息技术部启动结账程序。

9月28日（星期四），发行中心与9家出版社确认账套切分前数据。9 月 28 日—10 月 5 日，物流公司：（1）根据数据规划储位分配预案；（2）调整储位；（3）程序修改；（4）按版别处理退货。发行中心：启动客户资产确认（询证函、协议书）相关事宜。

9 月 29 日（星期五），发行中心信息技术部对账套切分前进行数据备份。

9 月 30 日（星期六），发行中心信息技术部提供基准日客户询证函（总账、分版）电子版。

10 月 1 日（星期日），休息一天。

10 月 2 日（星期一），发行中心：（1）信息技术部将账套切分至 9 家出版社；（2）预算管理部开始按类打印客户资产确认（询证函、协议书）文本。

10 月 3 日（星期二），发行中心：信息技术部对账套切分作合法性检查。

10 月 4 日（星期三），9 家出版社：（1）到发行中心确认账套切分后数据、文本签字、数据备份；（2）在完成文本签字、数据备份以后，进行开单前准备（如设置外库限额、调整业务员权限、确认业务员分管区域及新增业务员名录等）。发行中心：（1）财务部与 9 家出版社确认账套切分后数据；（2）预算管理部争取完成客户资产确认文本工作。

10月5日（星期四），发行中心：销售部寄发客户资产确认（询证函、协议书）。9家出版社：部分出版社三大网上书店订单信息转出并试开单。

10月6日（星期五），物流公司：接收出版社订单信息。

10月7日—8日，物流公司：拣货及出货。发行中心：系统调试。集团保障技术部：恢复"施工单"书目信息上传。

10月9日（星期一），9家出版社：新业务起始日。物流公司：恢复收书。

10月10日（星期二）起合署办公，发行中心：收到客户资产确认函，书面或QQ通知9家出版社可以恢复该客户业务。

二、留守团队2017年第四季度工作小结*

2017年，依据集团发行回归综合改革的总体方案，发行中心分拆后，需要留一些财务等人员，清理遗留账户的账务，销老账户的发票，同时提供各类财务业务档案的查核等服务。

为使发行回归综合改革工作平稳进行和有序展开，在集

---

* 发行中心留守团队负责人刘瑞刚执笔，2018年1月3日。已征得执笔人同意收入本书，笔者略有删节。

团分管领导、职能部门关心和指导下，以及 9 家出版社积极配合、发行中心领导班子全程支持与参与下，新成立留守团队紧紧围绕 81921 万元国有资产（其中：外库 74086 万元，应收账款 7835 万元）安全、平稳转移至 9 家出版社这一近期工作首要任务：一方面，严格遵守集团 85 号文件的要求及"发行回归时间节点甘特图"规定的时间节点开好每次"客户资产确认情况及恢复开单协调会"，通过资产确认要素验收、分发、回函统计、数据审核等工作，确保国有资产在转移过程中完整；另一方面，在确保资产安全转移和操作流程合规的前提下，最大限度地减少发行回归对销售业务的负面影响。

在行业没有任何拆分先例借鉴、参考的情况下，集团分管领导亲自挂帅，对可能出现的问题预先思考了多种解决路径，并有计划地做了系统信息、账套拆分测试工作。由于前期各项准备工作做得充分和扎实，在各方共同努力下，发行回归涉及的账套拆分、系统配置、人员安排等各项工作按照集团 85 号文件的要求及"发行回归时间节点甘特图"规定的时间节点有条不紊展开。整个客户资产确认和转移、客户业务恢复、拆分期间业绩数据都要好于预期，发行回归各项工作取得了阶段性胜利，为集团下一轮深化改革和发展奠定了基础。留守团队 8 位同志积极认领任务、克服困难、熟悉流程、相互配合、加班加点参与到工作中，起到了承上启下作用。相关工作小结如下：

（一）开户资料收集和发放、客户资产确认环节

1. 出版社开户资料收集、发放工作

（1）根据集团开户工作统一安排，接收 9 家出版社开户所需工商营业执照、出版物经营许可证、银行开户证明、销售协议书、告客户书及业务联系函、法人身份证及委托书等材料累计数万份；

（2）根据销售部不同客户需求对开户资料进行组套分装；

（3）完成上述步骤以后，向销售部发放开户资料。

2. 资产确认客户数（9 月 30 日时点）

（1）发询证函客户 90 家；发协议书客户 793 家，合计 883 家；

（2）其中各出版社包销业务 21 家、法律诉讼客户 17 家，合计 38 家；

（3）最终资产确认客户为 845 家（其中 100 万元以上大客户为 156 家）。

3. 回函统计、核对数据（截至 12 月 29 日）

（1）留守团队累计收到 703 份，占发出总数的 83%；

（2）通过核对，符合恢复业务条件 695 家，业务恢复率为 82%；

（3）需销售部及客户提供补充资料而暂未恢复业务的客户有 8 家；

（4）此期间已结零客户约 17 家；

（5）100 万元以上大客户已全部回函；

（6）未回复客户约 125 家。

4. 回函分发情况（截至 12 月 29 日）

留守团队将符合条件的协议书分批交集团办公室盖章，然后进行分部门、分社整理和发放。

（1）留守团队已完成三批次 635 家客户协议书退销售部返回客户工作；

（2）留守团队已完成三批次 635 家客户协议书退出版社工作。

（二）业务恢复情况（第四季度）

1. 入库部分：码洋 37277 万元；

2. 发货部分：码洋 38394 万元；

3. 退货码洋：2054 万元，客户 289 家；

4. 开票实洋：14690 万元（其中合账客户 9409 万元），客户 485 家；

5. 到款实洋：16940 万元（含合账客户及 9 月 27 日以后到账部分，计 15218 万元），客户 535 家。

（三）留守团队（保留户相关数据）

1. 期初数据（拆分时点）

保留户：90 家，资产合计：48414.38 万元；其中外库实洋 42856.60 万元，应收 5557.78 万元。

2. 期末数据（12 月底）（汇总账套统计）

保留户：84 家，资产合计：22790 万元；其中外库实洋 19844 万元，应收 2946 万元。

（四）已协调完成相关工作

1. 截至 12 月 29 日，累计召开"9 社客户资产确认情况及恢复开单协调会"23 次，达到了通报情况、资产确认、达成共识、恢复业务目的；

2. 指导、协助 9 社系统上线，与主要客户完成信息对接工作；

3. 系统安装和模块开发（如开票结算、查询模块、到款销账明细、金税清单）；

4. 协调客商资料变更修改工作，"合账客户"与"分账客户"类型转换要素核对等工作；

5. 整个开户工作已告一段落，剩余材料退回各出版社；

6. 对每份询证函或协议书要素进行核对和审核，其中 10% 左右不符合合规要求的询证函或协议书退回销售部；对询证函或协议书遗失或主体变更的进行重新打印、盖章及寄发；

7. 协调解决合署办公期间在制单及新、旧代码选择等方面出现的新问题；

8. 协调牵头人，落实 9 社合账客户模拟发票推送事宜；

9. 确定每月合账客户结账时间表，协调到款同步销账工作；

10. 协调资产存在较大差异的客户补充情况说明，理由必须得到出版社认可和确认，同时符合审计合规要求；

11. 完成领导交办的任务（出差落实重要客户恢复销售业务事宜）；

12. 剥离各出版社带入发票及 76- 代码客户数据，合计实洋 1062 万元。

三、留守团队 2018 年工作小结*

2018 年 1 月 1 日，留守团队接手合账客户 85 家，外库

---

* 发行中心留守团队负责人程犁执笔，2018 年 12 月 21 日。已征得执笔人同意收入本书，笔者略有删节。

实洋 19844 万元，应收账款 1106 万元，合计 20950 万元。按照《上海世纪出版（集团）有限公司发行中心留守团队管理方案》，留守团队今年的工作目标为：完成 50% 清算任务。

在 9 家出版社及合账客户牵头人的支持和配合下，留守团队现已超额完成了年初制定的工作目标。

（一）经营数据

1. 合账客户清理。截至 12 月 19 日，通过结清、三方协议转移途径（分账）等方式，合账客户家数从 85 家减少至 30 家，下降 65%。预计到 12 月底，合账客户数有望降至 25 家。

2. 开票和回笼。截至 12 月 19 日，累计开票实洋 8991 万元（已扣减代出版社支付给合账客户的 1667 万元销售返点），回笼实洋 8315 万元（另有未销账预收账款 549 万元）；均已超额完成年度目标。

3. 资产余额。截至 12 月 19 日，合账客户外库实洋由期初的 19844 万元降至 3105 万元，应收实洋由期初的 1106 万元上升至 1539 万元，两者合计由期初的 20950 万元降为 4644 万元，降幅为 77.8%（若加上预收账款 549 万元，实际降幅已达 80.45%）。

（二）业务工作

1. 建立了每月合账客户的开票和回笼预算制度。从3月份起，留守团队对口联系30位客户牵头人，每月初通过牵头人制定本月的开票及回笼预算，并主动跟踪、配合其工作，协调相关出版社推送虚拟发票，做好汇总表审核、发票开具、销货清单打印、到款销账、支付书款等工作。同时，对于原发行中心留下的应收账款，每月定期提醒、督促相关业务人员，努力减少应收账款余额。

2. 每月召开9社协调会，通报合账客户清理的相关情况，协调各相关出版社作出共同决策，并参与了部分重点合账客户老账清理方案的协商和谈判，努力加快合账客户的分拆、清算进程。同时，配合相关出版社完成了十多家分账客户的合并开票及清账工作。

3. 坚决采用司法诉讼手段维护集团利益。（1）密切与法院、律师的联系，请求法院加大对我方胜诉案件的司法执行力度，将12家拖欠我方货款的公司列入失信名单，并将其法人代表或股东纳入限制高消费名单。（2）通过诉讼收回7家经销商历年拖欠的货款计98万余元。（3）牵头8家出版社共同起诉××图书公司，此案已被法院受理，并进入了诉前调解阶段。

4. 推动、跟踪重要合账客户资产确认、信息对接、EDI上线、恢复销售业务等方面工作。协调原销售部在今年完成了部分在去年合署办公期间未完成资产确认的重要合账客户的资产确认工作，并及时恢复了销售业务。对于去年未完成 EDI 上线的亚马逊等客户，留守团队积极协调推进并提供相关的技术支持。同时，协调指导出版社、物流公司对世纪发行系统进行维护、升级，保证发行回归后发行系统的稳定运行。

四、留守团队 2019 年工作小结*

今年是发行留守工作的第二年。2018 年 1 月 1 日共有合账客户 85 家，外库实洋 19844 万元，应收账款 1106 万元，合计 20950 万元。留守团队今年的工作目标为：2019 年底前完成 80% 清算任务。

在集团印刷发行部指导下，以及 9 家出版社及合账客户牵头人的支持和配合下，留守团队现已超额完成了今年的工作目标。

---

* 发行中心留守团队负责人程犁执笔，2019 年 11 月 13 日。已征得执笔人同意收入本书，笔者略有删节。

（一）经营数据

1. 合账客户清理。截至 11 月 11 日，通过结清、三方协议转移途径（分账）等方式，合账客户数量从今年初的 31 家减少至 10 家，下降 67.7%（两年合计合账客户数量下降 88%。注：因为有一些客户结算时才发现是合账客户，故户数增加）。预计到 12 月底，合账客户数有望降至 8 家。

2. 开票和回笼。截至 11 月 11 日，累计开票实洋 995 万元，回笼实洋 1799 万元；均已超额完成年度预算。

3. 资产余额。截至 11 月 11 日，合账客户外库实洋由年初的 3022 万元降至 1184 万元，应收实洋由年初的 810 万元下降至 35 万元，两者合计由年初的 3833 万元降为 1219 万元，下降为 68.2%（两年合计完成清算任务的 94.18%）。

（二）业务工作

1. 今年根据合账客户清理工作的需要，不定期召开 9 社协调会和工作专题会，通报合账客户清理的相关情况，协调各相关出版社做出共同决策，与原销售部门一起进行重点合账客户老账清理方案的协商和谈判，在合规的前提下努力加快合账客户的分拆、清账进程。同时，配合相关出版社完成了多家分账客户的合并开票及老账催讨工作。

2. 继续采用司法诉讼手段维护集团利益。（1）通过诉讼等法律手段收回 7 家经销商历年拖欠的货款计 100 余万元。（2）密切与法院、律师的联系，请求法院加大对我方胜诉案件的司法执行力度，将多家未能偿还我方货款的公司列入失信名单，并将其法人代表或股东纳入限制高消费名单。（3）与 3 家经销商的诉讼处于庭审或执行阶段。（4）×× 图书公司案正在推动法院追加其母公司为本案被执行人，争取早日收回 298 万元货款。

3. 每月继续加强与合账客户牵头人的联系，主动跟踪、配合、帮助合账客户牵头人持续推进合账客户清理工作。同时，对于原发行中心留下的应收账款，每月定期提醒、督促相关业务人员，努力减少应收账款余额。

（三）财务工作

1. 日常现金收和付、每月与出版社结算（开票、到款销账、资金支付）、应收和应付核对、增值税票认证、财务报表等；

2. 配合集团完成不良资产核销前涉及的原始资料归集等工作；

3. 配合法务、出版社索取相关询证函、三方协议档案抽取工作；

4. 协调、催讨合账客户虚拟发票推送工作；

5. 提前思考或采取措施应对税率调整、系统升级等影响开票进程的事宜，确保第一时间将发票开出来；

6. 定期统计合账客户资产变化数据。

图书在版编目(CIP)数据

出版业 ：实践与思考 / 李远涛著. -- 上海 ：上海
三联书店，2025. 5. -- ISBN 978-7-5426-8862-0

Ⅰ. G239.2

中国国家版本馆 CIP 数据核字第 202596VB97 号

出版业 : 实践与思考

著　　者 / 李远涛

责任编辑 / 殷亚平
装帧设计 / 徐　徐
监　　制 / 姚　军
责任校对 / 王凌霄

出版发行 / 上海三联书店
　　　　　(200041)中国上海市静安区威海路 755 号 30 楼
邮　　箱 / sdxsanlian@sina.com
联系电话 / 编辑部：021 - 22895517
　　　　　发行部：021 - 22895559
印　　刷 / 上海雅昌艺术印刷有限公司

版　　次 / 2025 年 5 月第 1 版
印　　次 / 2025 年 5 月第 1 次印刷
开　　本 / 890 mm × 1240 mm　1/32
字　　数 / 150 千字
印　　张 / 8.75
书　　号 / ISBN 978 - 7 - 5426 - 8862 - 0/G・1757
定　　价 / 98.00 元

敬启读者，如发现本书有印装质量问题，请与印刷厂联系 021 - 68798999